Reduce muslos y nalgas

HERAKLES

Colección HERAKLES

Reduce muslos y nalgas

Un método nuevo y dinámico para fortalecer y tonificar la parte baja del cuerpo, ganar firmeza y conseguir un aspecto más estilizado

Karen Amen

Contiene 252 ilustraciones
(246 fotográficas y 6 esquemáticas)

EDITORIAL HISPANO EUROPEA S. A.

Asesor técnico: **Santos Berrocal**

Título de la edición original: **The Bottom Line.**

© de la traducción: **Fernando Ruiz Gabás.**

Texto: **Karen Amen.**
Ilustraciones: **Random House UK, Ltd.**

Editado por primera vez en lengua inglesa por: **Vermilion (Ebury Press).** Random House, 20 Vauxhall Bridge Road, Londres SW1V 2SA (Inglaterra).

Autoedición y grafismo: **Estudi Chifoni**.
Liuva, 34-36 1º 2ª. 08030 Barcelona. (España)
(Tel. y Fax: 346 94 73.)

Depósito Legal: B. 8937-1997.

ISBN: 84-255-1169-0.

IMPRESO EN ESPAÑA PRINTED IN SPAIN

LIMPERGRAF, S. L. - Carrer del Riu, 17 (Nau 3) - 08291 Ripollet

ÍNDICE

SOBRE LA AUTORA

Karen Amen ha entrenado a profesionales de fitness, a famosos y al público en general durante más de una década y, desde 1985, ha participado en la calificación y formación continuada de miles de instructores y entrenadores en todo el mundo. Antigua medalla de oro en los Campeonatos Nacionales de Aerobic de los Estados Unidos, domina las más diversas disciplinas del fitness o educación física.

Karen es una popular presentadora de programas de estilo de vida y formación física en varios canales de televisión de los Estados Unidos: NBC, Fox TV y Via Com. En su campo de actuación fuera de Nueva York, pasa normalmente gran parte de su tiempo trabajando con personas con necesidades especiales, manteniéndolas en forma, ayudándolas a conservar un estilo positivo de vida y, en algunos casos, ayudándolas a hacer frente a enfermedades graves. También entrena e imparte clases en el Reebok Sports Club/NY.

Su primer libro, *The Crunch* (*"Elimina barriga"* publicado en castellano por esta Editorial), alcanzó un éxito de ventas inmediato, y se ha editado en cuatro idiomas. El vídeo basado en el libro ha ganado varios premios, incluyendo el que se concede al mejor vídeo instructivo de 1995.

AGRADECIMIENTOS

A Nancy, Lou y mis hermanas —todo el equipo—. No podría haber completado este libro sin vuestro amor y vuestro apoyo.

A Carol. Ansío que llegue la oportunidad de colaborar contigo. Gracias por apoyarme. Todo mi cariño.

A todos mis clientes. Gracias por su paciencia y apoyo. En mi vida he tenido siempre la suerte de trabajar con los mejores... ¡y seguro que ellos son los mejores!

Al personal del Reebok Sports Club/NY. Gracias por sus cordiales palabras, por su motivación y por su estímulo.

A Jessica, Fred, Randy y Bertha. Me animaron constantemente hasta el final. Gracias.

A Jan. ¿Qué puedo decir? Espero trabajar contigo en otros muchos proyectos. Y, lo que es más importante, confío en que nuestra amistad dure mucho tiempo. Gracias.

A un grupo de personas, a muchas de las cuales no he tenido todavía ocasión de encontrar, pero espero que coincidamos en algún momento de mi vida —los lectores—. Gracias por comunicarme que los programas le van bien y le ayudan a alcanzar sus objetivos. Salud y Felicidad.

ADVERTENCIA

Este programa va dirigido a personas con buena salud. Si tiene alguna enfermedad o está embarazada, no deben realizarse los ejercicios de este libro sin consultar antes con su médico. Deben leerse cuidadosamente todas las normas e indicaciones, y la autora y el editor no pueden aceptar responsabilidad alguna por lesiones o daños como consecuencia de fallos en la ejecución de los ejercicios o por interpretaciones erróneas.

INTRODUCCIÓN

¿Le gustaría tener glúteos más firmes y muslos más delgados? ¿Le gustaría tener piernas más esbeltas, fortalecer los músculos abductores de los muslos y conseguir un aspecto más fino y estilizado? ¿O simplemente se ha cansado de los viejos ejercicios tradicionales en el suelo y está esperando algo nuevo? Entonces siga leyendo.

Si no le satisface el tamaño o la forma de sus glúteos o nalgas, de sus piernas o muslos, no se preocupe. *Puede* hacer algo al respecto. Por esa razón he escrito este libro, para que usted y miles de mujeres más —y, sí, también hombres— puedan ayudarse a sí mismas aplicando los métodos de entrenamiento que he utilizado con éxito con millares de clientes privados y profesionales de fitness durantes los diez últimos años, y que he recopilado en el programa que denomino «Bottom Line».

La parte baja del cuerpo es una zona mucho más problemática para las mujeres que para los hombres. Las mujeres tienden a tener mayor porcentaje de grasa propia de su sexo en esta zona, además de una pelvis más ancha preparada para el parto. Por eso es extremadamente importante que las mujeres vigilen la cantidad de grasas en su dieta, además de seguir un plan específico de ejercicios. Ahí es donde entra en acción mi programa Bottom Line, o línea básica. No *tenemos* que ceder ante el proceso de envejecimiento de la naturaleza. A medida que nos hacemos mayores, nos es posible combatir la tendencia natural de posaderas colgantes y piernas flojas con un programa de entrenamiento adecuado. En este libro le voy a proporcionar las armas que necesita a través de una serie de ejercicios que implican una solución práctica y eficaz.

¡PERO TENGO CADERAS ANCHAS Y MUSLOS REALMENTE ENORMES!

Así que pregunta: ¿Puedo *realmente* fortalecer y tonificar mis glúteos y muslos? Por supuesto que puede, y este programa nuevo y dinámico de formación muscular le ayudará a conseguir exactamento eso —con seguridad, precisión y eficacia—. Cualquiera que sea su edad, constitución física o nivel de fitness, tanto si tiene piernas cortas como caderas anchas, tanto si hace ejercicio como si no lo practica desde hace tiempo, este programa le proporcionará los instrumentos necesarios para alcanzar esos objetivos. Todo lo que tiene que hacer es seguir las instrucciones paso a paso, y aprender a utilizar eficazmente los músculos de las piernas, para que ganen firmeza y mejoren su forma general sin añadir un feo volumen.

Y hay más. Este programa contribuirá también a mejorar su postura y sincronización, y reforzará su habilidad para realizar tareas cotidianas, tales como caminar, levantarse, sentarse y estar correctamente de pie, o reaccionar después de una caída, evitando una lesión seria. Conseguirá aumento de fuerza física, flexibilidad, control y equilibrio, todo lo cual puede ayudarle a retrasar el proceso de envejecimiento. Una vez empiece a mejorar de forma y a fortalecerse, su nueva postura incrementará significativamente su confianza —se sentirá con más atractivo y vitalidad—. Créame, he visto reiteradamente esta transformación en mis clientes. Las mujeres empiezan a llevar faldas más frecuentemente y observan que les es más fácil embutirse en los pantalones ajustados que hacía tiempo que no llevaban. Después de sólo dos o tres semanas de entrenamiento, practican sus sesiones de ejercicios *sin* las enormes sudaderas que anteriormente utilizaban para tapar su cuerpo. Los hombres empiezan a llevar pantalones de ciclismo para entrenar, así como camisetas tipo T, en vez de prendas que disimulen sus formas. Estos pequeños cambios han hecho que me percatase del éxito de mis métodos en el aspecto de animar a mis clientes a adoptar una actitud más positiva hacia su cuerpo y ayudarles a comprender que tienen más control sobre su forma física que lo que habían imaginado.

¿ESTARÉ MÁS SANO?

Para asegurar que obtiene —y mantiene— los máximos beneficios y para completar la fórmula de salud y bienestar, es importante tener en cuenta todos los hábitos de su estilo de vida en conjunto. Los ejercicios para tonificar y fortalecer pueden producir un efecto impresionante sobre la forma general de sus piernas. Mi deseo es que usted tenga el mejor cuerpo que pueda conseguir, y los ejercicios específicos son sólo una parte de la fórmula total. Por consiguiente, para obtener unos beneficios óptimos en su salud, deberá seguir una correcta alimentación, en las proporciones adecuadas —y le incluyo algunos buenos consejos dietéticos en el capítulo 5— y además ha de agregar a su programa algún tipo de actividad aeróbica. Escoja algo conveniente y divertido, tal como caminar, correr o nadar, y procure practicar de tres a cinco veces por semana. Cuando pueda aguantar 15-30 minutos sin parar, cualquiera de estas actividades puede aumentar el vigor de su corazón y sus pulmones y, junto con este programa de línea básica y un plan dietético correcto, puede ponerle en el buen camino para un estilo de vida más sano y satisfactorio. Esta fórmula estará completa si se somete a revisiones médicas periódicas.

¿PERDERÉ PESO?

Los ejercicios de fortalecimiento y tono muscular nos ayudan a mantener y aumentar nuestra masa muscular. Dado que el verdadero proceso químico por el cual las grasas y los glúcidos se descomponen en el cuerpo tiene lugar en el tejido muscular, si aumentamos la densidad de nuestro tejido muscular por medio de un entrenamiento específico de fuerza, entonces incrementaremos también el número de puntos en el cuerpo donde se gastan las calorías. Por tanto, llegamos a ser más eficientes quemando calorías. La actividad aeróbica también quema calorías, así pues no olvide incluirla en su programa.

Si tiene sobrepeso, también necesita reducir su ingestión de calorías. Consulte las orientaciones dietéticas para la salud en el capítulo 5. Sin embargo, si combina un plan sensato de dieta con la tonificación y el fortalecimiento, así como con ejercicio aeróbico periódico, puede tener la seguridad de que todo el peso que pierda será grasa, no músculo. El tejido muscular es más tenso y compacto que el tejido graso y por consiguiente ocupa menos espacio. Al aumentar su tejido muscular puede disminuir muy bien una talla o dos de vestido. Por tanto, no se preocupe por las proporciones, y céntrese sólo en su talla de vestido.

Dado que tanto nuestro índice metabólico —que es el índice según el cual quemamos calorías—, como la cantidad de nuestro tejido muscular disminuyen con la edad, el ejercicio junto con una dieta sana y una actitud positiva de estilo de vida, pueden tener un impacto mensurable en el retraso del proceso de envejecimiento así como en el mejoramiento de la autoconfianza a cualquier edad.

PERO HACE TIEMPO QUE NO HAGO EJERCICIO

Si nunca ha hecho ejercicio, entonces ha escogido un magnífico lugar para empezar. Frecuentemente hay mujeres que me preguntan si es posible cambiar la forma de sus piernas, sin haber hecho nunca ejercicio anteriormente o, al menos, sin haberlo practicado desde hace tiempo. Mi respuesta es: ¡seguro que puede! Si no ha hecho ejercicio anteriormente, o si no ha practicado hace tiempo, tenga un poco de paciencia. En realidad, al principio su índice de mejoría será mayor que el de cualquier otra persona que haga ejercicio regularmente. Una vez que haya comenzado los ejercicios con una base periódica y que haya conseguido su objetivo inicial, disminuirá su ritmo de progresión. Sin embargo, entonces no le costará tanto esfuerzo mantenerse. *Nunca* es demasiado tarde para empezar a hacer ejercicio y para lograr una mejora positiva en su forma física y en su salud.

YA PRACTICO EJERCICIO REGULARMENTE, ENTONCES ¿QUÉ VENTAJAS TENDRÉ?

Si ya practica ejercicio regularmente, descubrirá algunas ideas nuevas y fabulosas para el trabajo en el suelo, así como algunas variaciones interesantes de sus ejercicios tradicionales favoritos. Por tanto, si se ha cansado de su vieja rutina en el suelo y está dispuesta a desafíos nuevos, este libro también es para usted.

¿QUÉ PASA CON LOS HOMBRES?

Aunque la mayoría de las personas que desean cambiar la forma de la parte baja de su cuerpo suelen ser mujeres, también los hombres pueden beneficiarse con este programa. A medida que envejecen, los hombres tienden a perder fuerza y firmeza en las piernas y también pueden padecer constantes problemas de espalda, lo cual se debe parcialmente a la menor flexibilidad en la parte posterior de las piernas. Cuando dejan de practicar los deportes de su edad juvenil, los hombres comprueban que sus glúteos empiezan a «ablandarse» y que los músculos de las piernas no son tan fuertes y firmes como antes. Esto, combinado con la subsiguiente disminución de flexibilidad, puede originar verdaderos problemas, particularmente con respecto a la espalda baja.

Algunos de los ejercicios de este libro se basan en las actividades habitualmente preparatorias para los deportes, mientras otros incluyen posiciones del cuerpo que pueden implicar más dificultad. Muchos de los ejercicios están ideados para conseguir una extensión o una flexión máxima de piernas, lo cual, junto con la sección de flexibilidad de este libro, puede aumentar notablemente la elasticidad en la parte posterior de las piernas y en la espalda baja, mejorando la fuerza general de piernas y tronco.

En mis clases, alrededor del 40-50 por ciento de los estudiantes son hombres, y todos me han comentado que encuentran los ejercicios muy interesantes. En realidad, muchas de sus esposas también me han agradecido los cambios que he conseguido en sus maridos. Al principio, estaba algo desconcertada por lo que querían decir. Una esposa, observando mi confusión, me explicó que la calidad de movimientos de su marido había mejorado notablemente, y que ya no se quejaba de dolor en la espalda en el «momento más inadecuado», repercutiendo en una mejora de la calidad de vida de ella misma. Tengo que admitir que me reí un rato. Y la verdad sencilla y llana es que, señores, a las mujeres también nos gusta ver piernas fuertes y glúteos firmes en nuestros compañeros. ¿Acaso creía que no era así?

ASÍ PUES, ¿PUEDEN BENEFICIARSE TODOS?

Cualquiera que sea su nivel actual de forma física o su habilidad, tanto si es hombre como mujer, aquí encontrará un programa realmente eficaz y equilibrado para modelar la parte baja de su cuerpo, un programa que no sólo dará forma y definición a sus músculos, sino que también mejorará su apariencia y salud en general, aumentará su confianza, postura y niveles de energía y combatirá el proceso de envejecimiento. Es el «bottom line», la línea básica.

CAPÍTULO 1

¿QUÉ DIFERENCIAS OFRECE ESTE PROGRAMA?

Al empezar a escribir este libro, consulté la palabra «programa» en el diccionario. Esto es lo que encontré: «Un esfuerzo organizado para conseguir un objetivo por etapas.» Ésta es la filosofía exacta del programa «Bottom Line», o línea básica, y deseo que *usted* trabaje con este programa teniéndolo presente.

He desarrollado cuatro planes de ejercicios fáciles-de-seguir, pero de dificultad progresiva, ideados para producir un desarrollo muscular equilibrado, con el objetivo de corregir malos hábitos de posición, al mismo tiempo que reforma su mitad baja con un mínimo riesgo de lesiones. A lo largo de los ejercicios he utilizado imágenes visuales, e incluyo consejos que le permitirán hallar la posición corporal apropiada para su tipo físico particular.

Este programa no requiere equipamiento especial, pero, para proporcionar una variedad extra o un soporte adecuado, he incorporado algunos objetos caseros. Por ejemplo, un simple palo de escoba, una silla, una pelota de playa y una caja de madera o un escalón —o incluso puede utilizar los peldaños de la escalera de su casa—. Para aquellas personas que tengan una tubería resistente, he incluido un ejercicio para mostrarle cómo puede incorporarla a su entrenamiento. Sin embargo, este ejercicio también puede ejecutarse sin la tubería y seguirá siendo igual de eficaz.

Los músculos de la parte baja del cuerpo, junto con los abdominales y lumbares, son fundamentales para ayudarnos a adquirir un cuerpo equilibrado y bien proporcionado y, en consecuencia, mantener una correcta postura y equilibrio muscular. Por esa razón, uno de los principales puntos de insistencia en todo este libro es la técnica apropiada y la posición del cuerpo, para que pueda empezar inmediatamente a mantenerlo con una coordinación más correcta, no sólo al practicar los ejercicios, sino también en cada momento del día.

Con tal fin, en algunos ejercicios he incluido fotografías que ilustran la posición *incorrecta* del cuerpo. Sirven para destacar los errores típicos que todos cometemos, y los he visto frecuentemente, tanto en clases generales como particulares. La posición incorrecta puede conducir a molestias en las articulaciones e incluso originar algunos de los desequilibrios musculares que intentamos corregir en este programa.

Fíjese cuidadosamente en estas fotografías de «errores» con el fin de evitar estos fallos tan comunes. La posición correcta es la clave para conseguir su mejor forma posible, teniendo en cuenta que todas y cada una de las repeticiones influye en la mejoría de su fuerza y de su forma física. Después de todo, una de las excusas más corrientes para no hacer ejercicio regularmente es la falta de tiempo. Cuidar su posición correcta en todos estos ejercicios significa que podrá aprovechar al máximo su esfuerzo, a la vez que minimiza la cantidad de tiempo que dedica a cada uno.

TRABAJO TRADICIONAL EN EL SUELO FRENTE A UN MÉTODO DE ENTRENAMIENTO MÁS DINÁMICO

Si está familiarizado con los ejercicios tradicionales de la parte baja del cuerpo, ya sabe, esos en que se tumba en el suelo y mueve las piernas lateralmente o hacia arriba y hacia abajo, observará que hemos adaptado muchos de ellos variando la posición. Además, este programa incluye numerosos ejercicios de piernas en la posición de pie. ¿Por qué motivo?

Cuanto más fuertes y más en forma estamos, mejor y durante más tiempo podemos realizar las diversas actividades cotidianas, tales como caminar, sentarnos o estar correctamente de pie, trasladar el peso del cuerpo, o elevarnos y estirarnos para alcanzar objetos. Así pues, en este programa nos concentramos en lo que denomino trabajo funcional de suelo —ejercicios de suelo que se efectúan primordialmente en posición de pie, con soporte externo adicional y sin él—. Aprenderá a utilizar su abdomen como su fuente constante de soporte.

A diferencia de muchos ejercicios de tonificación de piernas en que usted se tumba en el suelo en posición horizontal y realiza un determinado número de repeticiones de un solo movimiento, los ejercicios de este libro están específicamente diseñados para imitar las acciones y los movimientos del cuerpo que utilizamos en la vida cotidiana, y también para trabajar contra la fuerza de la gravedad. El tipo de movimientos que realizamos en los ejercicios de tipo horizontal tumbado, raramente son aplicables a la vida real. Y cuando nos tumbamos en la vida real, generalmente descansamos en posición reclinada. Por lo general, cuando queremos estar de pie es cuando llega a ser más útil la capacidad de nuestro cuerpo para superar la fuerza de la gravedad. Sin embargo, en este programa he incluido también algunas variaciones interesantes de ejercicios convencionales de piernas, que colocan a ciertos grupos musculares específicos en una posición en que es mayor la resistencia contra la gravedad.

Permanezca activo, sea funcional y desafíe la gravedad

Con los años, mi experiencia en la formación física me ha enseñado algo que me gustaría compartir con usted. Las personas, incluyéndome yo misma, que no sólo han practicado ejercicio regularmente, sino también, lo que aun es más importante, han efectuado un uso continuo y correcto de sus músculos para estar de pie, sentarse y caminar adecuadamente, tienen cuerpos que permanecen firmes y extremadamente funcionales, y que parecen desafiar el proceso de envejecimiento. No se creería lo activos que están algunos de mis clientes mayores —y por mayores quiero decir 80 años y más— y cómo sus cuerpos activos y funcionales les permiten vivir con un estilo de vida increíblemente pleno. Sus cuerpos desafían literalmente los efectos de la gravedad a largo plazo.

Obtenga beneficios óptimos

Teniendo presente la importancia del ejercicio de tipo funcional, muchos de los ejercicios individuales de este programa implican a varios grupos musculares simultáneamente, haciendo que los músculos trabajen del mismo modo que los necesitamos en la vida cotidiana. Por ejemplo, cuando caminamos, corremos o nos levantamos de un asiento, es precisamente la acción combinada de varios grupos musculares la que nos permite realizar estas actividades. La fuerza individual de cada grupo muscular es importante, pero es igualmente importante su fuerza en relación con los demás.

Estos ejercicios no sólo formarán y fortalecerán sus piernas y sus glúteos, sino también mejorarán su sentido del equilibrio y su capacidad para practicar deportes. Aún más, los ejercicios de soporte de peso, tales como el trabajo de pie en el suelo y los ejercicios que implican saltos o botes sobre el suelo, ayudan a incrementar la densidad ósea, lo cual a su vez contribuye a prevenir el inicio de la fragilidad de los huesos, que se conoce con el nombre de osteoporosis.

Potencie al máximo sus esfuerzos

Una vez se haya familiarizado con la técnica básica de este programa, empezaremos a introducir los movimientos encadenados. En este caso el objetivo es completar una secuencia de movimientos de manera fluida, dinámica y controlada, permitiéndole contraer (apretar) los músculos al principio y también durante el ejercicio, en lugar de adoptar una posición determinada una y otra vez, como en el ejercicio de tonificación tradicional, en el cual generalmente contraemos los músculos sólo al final del movimiento.

Con ciertos tipos de entrenamiento, cada vez que trabajamos nuestros músculos se originan productos de desecho dentro de las fibras musculares. En los ejercicios convencionales de tonificación, debido a que la fase real de trabajo del ejercicio se concentra generalmente al final del movimiento, la gama total de movimiento en el ejercicio es pequeña. Esto estimula una formación más rápida de productos de desecho, específicamente ácido láctico, lo cual disminuye su capacidad de contracción muscular, y por consiguiente minimiza sus esfuerzos.

Por ejemplo, si se acuesta sobre su costado y realiza unas cuantas elevaciones de pierna, manteniendo la adecuada posición de la pierna con la rodilla mirando hacia adelante, puede empezar a sentir una incómoda sensación de quemadura en los músculos abductores, que puede llegar a impedirle efectuar más elevaciones. Esta incomodidad se debe a la formación de ácido láctico en los músculos abductores, lo cual puede conducir a fatiga muscular prematura, además de retrasar su ritmo de progreso.

Con los movimientos encadenados, sin embargo, trabajamos con una gama más amplia de movimientos, lo cual ayuda a prevenir esa rápida formación de ácido láctico, demorando consiguientemente la sensación de incomodidad y permitiendo completar más repeticiones. Al mismo tiempo, la gama más amplia de movimientos permite la intervención de un mayor número de fibras musculares, y eso estimula a los músculos para que lleguen a ser más firmes y más fuertes, con el resultado final de un entrenamiento más completo para su línea básica.

Evite un aspecto voluminoso

Hay una ventaja más en el tipo de ejercicios que he recopilado para usted en este programa. La utilización de movimientos de gama corta en los ejercicios convencionales de tonificación significa que ciertas fibras musculares se utilizan una y otra vez, lo cual, a menos que sea una persona muy alta, de huesos largos, estimula el desarrollo de volumen. Sin embargo, en este programa nos centraremos en movimientos de gama amplia que proporcionan contracción muscular al principio y durante la gama completa del movimiento, lo cual conduce a conseguir piernas firmes, esbeltas y formadas, sin aspecto voluminoso. Muchas mujeres estarán de acuerdo en que desean obtener ese tipo de piernas, y los métodos de este programa se han estudiado para ayudarle a conseguir eso exactamente.

BENEFICIOS DEL PROGRAMA «BOTTOM LINE»

Si sigue este programa y lo practica regular y constantemente, he aquí algunos de los beneficios que puede conseguir:

- glúteos más firmes,
- piernas mejor formadas,
- mejoría de la forma física general,
- aumento de buena postura y de confianza,
- mejoría de equilibrio,
- menos problemas de la zona baja de la espalda,
- aumento de control y de fuerza,
- mayor flexibilidad,
- mejoría de la capacidad para ejecutar las tareas cotidianas,
- menor riesgo de lesiones articulares,
- incremento de los niveles de energía,
- uso más eficiente de las calorías,
- fortalecimiento del potencial de sus músculos para combatir los efectos de gravedad,
- mejoría de la densidad de los huesos.

¿Suena bien? Entonces descubramos todavía más cosas.

CAPÍTULO 2

POSTURA PERFECTA: UN CUERPO EN EQUILIBRIO

La buena postura y la alineación y coordinación correctas son fundamentales para el éxito de este programa. Así pues, empezaremos con una visión general de cómo hay que colocarse de pie y sentarse adecuadamente utilizando los músculos de las piernas. Una vez que conozca el modo en que interactúan los diversos músculos para lograr una buena alineación y coordinación de posturas y cómo esto se relaciona con la mecánica del programa «Bottom Line», estará a punto para pasar a los planes propiamente dichos.

Cada vez son más las personas que están empezando a darse cuenta de que la buena postura no sólo es deseable desde un punto de vista estético —las personas con buena postura llaman siempre nuestra atención—, sino también constituye una señal de nuestra salud y bienestar general. Contribuye a que podamos respirar bien y de modo natural, ayuda a proteger nuestros órganos internos evitando lesiones y reduce el riesgo de padecer afecciones de la zona baja de la espalda.

A todos nos gusta parecer y sentirnos más jóvenes, más fuertes y poseer la facilidad de movimiento y el sentido del equilibrio que normalmente se asocian con la juventud. Mantener una postura correcta y equilibrada nos permite funcionar mejor y mejora nuestra capacidad para llevar a cabo las tareas cotidianas. Se asegura así que las estructuras corporales estén mejor equipadas para combatir el desgaste del uso diario, y ayuda a hacer frente a la acción del proceso de envejecimiento —y, en algunos casos, incluso a retrasarlo.

Por tal razón, en este programa «Bottom Line», al igual que en mi anterior programa «Crunch» (contracciones abdominales), insisto en la conexión entre alcanzar la forma física deseada y la importancia de la postura adecuada y del mantenimiento diario del cuerpo. Debemos ser conscientes de que el cuerpo es una entidad mecánica —una máquina altamente compleja y fascinante—. En este programa incorporo para usted los métodos más recientes y más seguros que le ayudarán a alcanzar la mejor forma física posible y le permitirán desenvolverse con el máximo nivel de eficiencia.

¿QUÉ ES UN CUERPO EN EQUILIBRIO?

Cuando estamos de pie en una postura equilibrada, ninguna estructura de las piernas ni de la espalda tiene que trabajar desproporcionadamente de forma más dura que otra. La cabeza ha de estar equilibrada entre los hombros y el mentón no ha de proyectarse hacia adelante. Los hombros han de estar hacia atrás y relajados y el abdomen elevado. El peso se distribuye uniformemente entre las piernas hasta la planta de los pies, y las caderas, las rodillas y los tobillos están alineados. Esto permite que las curvas naturales de la columna vertebral estén en una relación sana entre sí —una relación que posibilita una mayor facilidad de movimiento y deja a las estructuras internas su espacio correcto—. Piense en ello como su posición neutral de Torso —o T-neutral.

Los huesos de nuestros miembros no están directamente conectados entre ellos, sino separados por articulaciones. Si no tuviéramos articulaciones, no podríamos flexionar los brazos ni las piernas ¡y nos moveríamos de manera completamente diferente! Una buena alineación nos permite generalmente mantener una presión uniforme a través de las articulaciones, lo cual ayuda a evitar que algunas estructuras corporales se desgasten a un ritmo mucho más rápido que otras.

Hay dos problemas de mala alineación extremadamente comunes sobre los cuales tenemos control la mayoría de nosotros. El primero es la posición de pie con las rodillas hiperextendidas —en otras palabras, estar de pie con las rodillas presionadas hacia atrás de modo que se queden cerradas las articulaciones de la rodilla—. El segundo es la posición asimétrica de pie, en la que se carga más el peso del cuerpo sobre un lado —y la mayoría de nosotros tiene un lado preferido del cuerpo que soporta la carga de nuestro peso.

Examine detenidamente las fotografías (derecha) que ilustran cómo la hiperextensión de las rodillas puede, con el tiempo, estirar exageradamente las estructuras internas de su parte posterior, minimizar el uso de los músculos delanteros del muslo (cuádriceps) y de los glúteos y causar que estos últimos se vuelvan flojos debido al poco uso.

Estar de pie con nuestro peso sobre un lado aumenta considerablemente la presión sobre las articulaciones del costado del cuerpo donde cargamos el peso. Si continuamos cerrando las rodillas o nos situamos de pie con el peso cargado sobre un lado, se ejerce constantemente una presión desproporcionada sobre la estructura interna de las articulaciones de la cadera, la rodilla y el tobillo. Con el tiempo, esto puede producir cierto

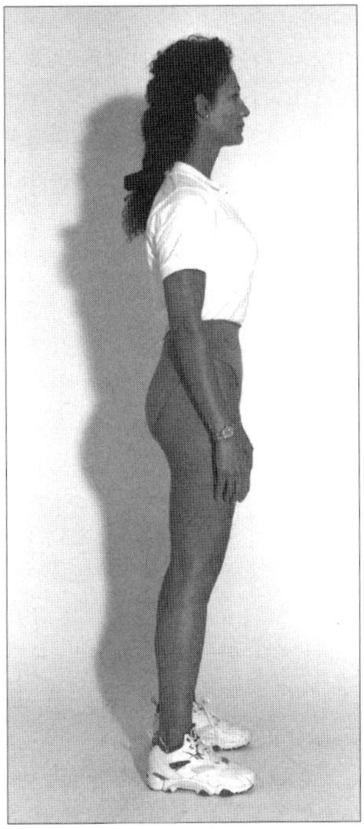

POSTURA EQUILIBRADA

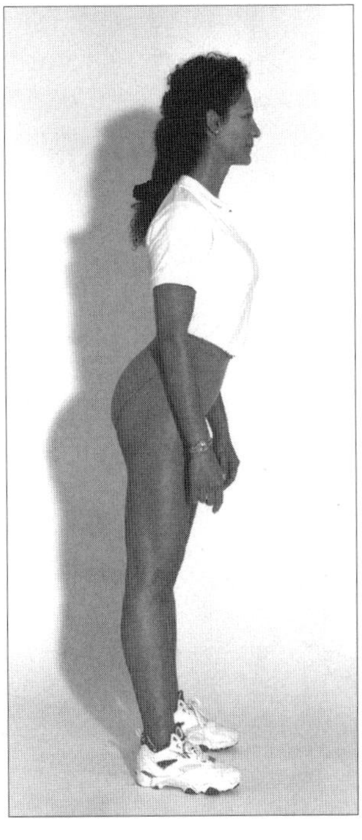

POSTURA DESEQUILIBRADA

número de afecciones de articulaciones y huesos, que debilitan notablemente a aquéllas.

Una afección extremadamente común, familiar para muchos, es la joroba de Dowager, una curvatura muy pronunciada hacia fuera de la zona alta de la espalda. El paciente desarrolla realmente una joroba en la espalda que puede llegar a impedirle estar recto de pie. Aunque en algunas personas la causa de esta afección puede ser una enfermedad específica, en muchos casos es consecuencia de toda una vida de encorvarse.

En el caso de los adolescentes, estar constantemente de pie con el peso cargado sobre un lado del cuerpo puede contribuir a la escoliosis, una curvatura anormal de la columna vertebral en la parte donde ésta se curva lateralmente para formar una «C» o una «S». Los síntomas son diversos y pueden ir desde molestias suaves por una parte hasta otras más intensas, suficientemente serias para dificultar la tracción de todo el cuerpo.

Por supuesto, hay otras causas por las que algunas personas pueden llegar a padecer estas afecciones, pero sabemos que la postura incorrecta de pie puede producir efectos perjudiciales a largo plazo sobre nuestra capacidad funcional.

LA IMPORTANCIA DEL EQUILIBRIO MUSCULAR

Algunos de los músculos del cuerpo son naturalmente más fuertes que otros. Por ejemplo, ¿ha oído hablar de alguien que se haya roto sus músculos cuádriceps? No. Sin embargo, ¿cuántas veces ha sabido que alguien se ha lesionado los músculos opuestos de la corva del muslo? Muchas veces, supongo. Los músculos cuádriceps tienden a ser, por naturaleza, un 33 por ciento más fuertes que los de la parte posterior del muslo. Por tanto, es particularmente importante prestar atención a los músculos de la corva del muslo, procurando que efectúen el trabajo adecuado de fortalecimiento y flexibilidad.

Si utilizamos en exceso, o sobreentrenamos, ciertos músculos a expensas de otros, se corre el riesgo de alterar el equilibrio natural de fuerza y flexibilidad. Cuando los grupos musculares opuestos que rodean a una articulación determinada tienen relativamente buena fuerza y flexibilidad, la presión interna de esa articulación es uniforme en toda su extensión. Sin embargo, si un grupo muscular está demasiado rígido o le falta tono muscular, esto altera la presión dentro de la articulación y conduce a lo que se conoce como un desequilibrio muscular, lo cual aumenta notablemente el riesgo de lesión.

Por ejemplo, si estuviera constantemente de pie con los hombros hundidos hacia adelante, con el tiempo, la parte delantera de los hombros se volvería menos flexible y las articulaciones de los hombros se moverían ligeramente hacia adelante, debilitando notablemente la zona alta de la espalda. Para rectificarlo, sería necesario que realizase mucho trabajo que implicaría abrir la zona del pecho y de los hombros.

Por consiguiente, es necesario un equilibrio relativo entre los músculos si queremos evitar cualquier tipo de problema de articulaciones o de espalda.

MÚSCULOS QUE SON NUESTRO OBJETIVO

Muchos de los músculos de las piernas están unidos a la pelvis y a la zona de la espalda baja y, por ello, junto con los músculos abdominales y lumbares, son responsables del mantenimiento de una buena postura.

Éstos son los grupos musculares primordiales en los que nos concentraremos, junto con una breve descripción de sus funciones en términos de este programa «Bottom Line». Comprobará que, frecuentemente, hay más de un grupo muscular responsable de una acción específica.

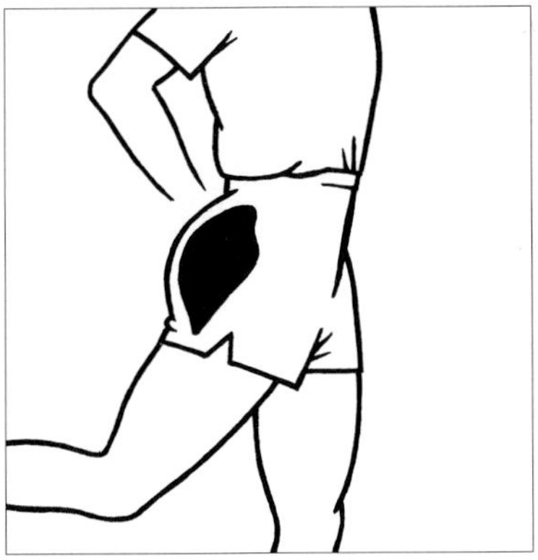

Glúteos (nalgas)

Funciones

Extensión de la cadera (ver dibujo). Abrir la cadera en lo alto del muslo moviendo el fémur hacia atrás, lejos de la parte delantera del cuerpo. Por ejemplo, es la posición de la pierna posterior de un corredor cuando la coloca en el taco de salida.

Abducción. Mover la pierna lateralmente, lejos del centro del cuerpo.

Rotación exterior. Mover el músculo del muslo alrededor de un punto central, por ejemplo, cuando giramos la pierna hacia fuera.

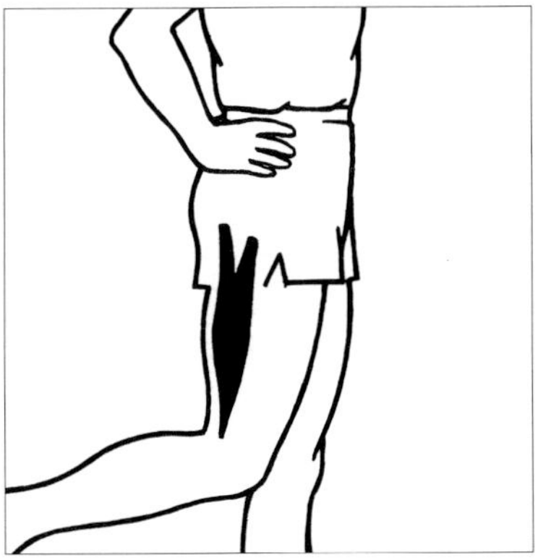

Músculos isquiotibiales (posterior del muslo)

Funciones

Extensión de la cadera. Abrir la cadera en lo alto del muslo moviendo el fémur hacia atrás, lejos de la parte delantera del cuerpo.

Rotación exterior. Mover el músculo del muslo alrededor de un punto central.

Flexión de la rodilla (ver dibujo). Flexionar la rodilla, particularmente cuando el fémur se mueve hacia atrás.

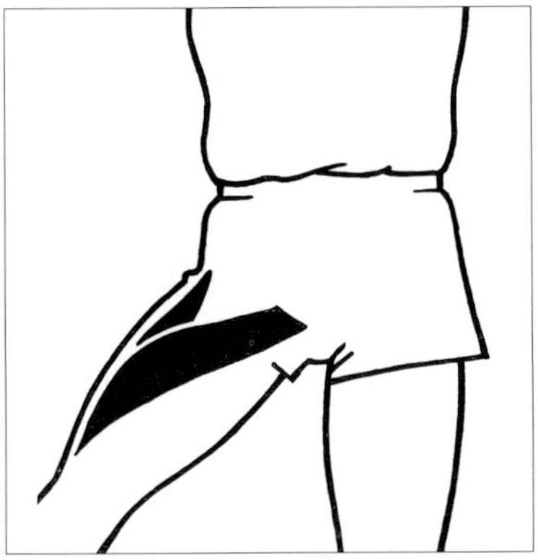

Abductores (exterior del muslo)

Función

Abducción. Mover la pierna lateralmente lejos del centro del cuerpo.

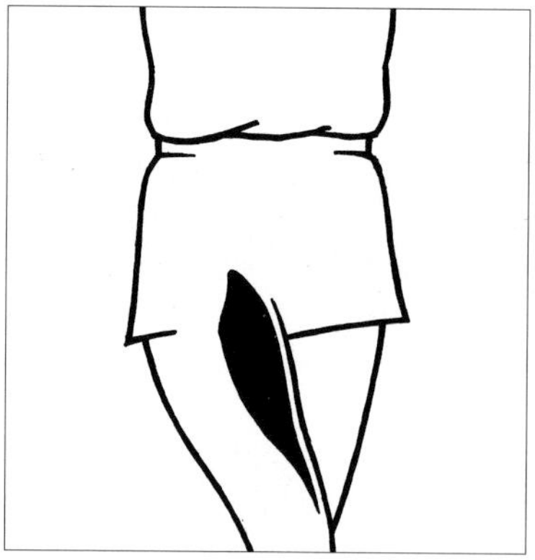

Aductores (interior del muslo)

Función

Aducción. Mover la pierna lateralmente, hacia el centro del cuerpo, permitiendo que la pierna cruce por delante o por detrás de la otra pierna.

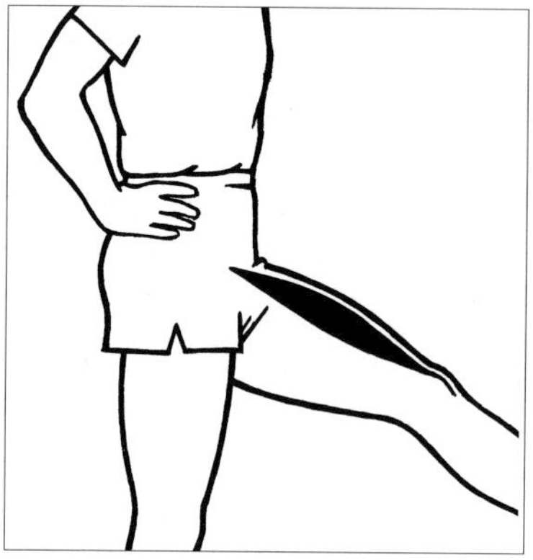

Cuádriceps (anterior del muslo)

Funciones

Flexión de la cadera. Flexionar la cadera, por ejemplo, cuando damos una patada hacia arriba con la pierna.
Extensión de la rodilla. Enderezar la rodilla.

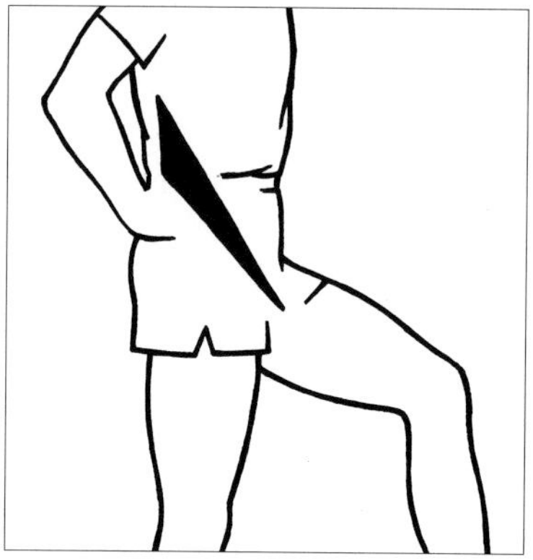

Flexores de la cadera (parte superior del muslo)

Función

Flexión de la cadera. Flexionar la pierna en la cadera, por ejemplo, cuando damos una patada hacia arriba con la pierna.

DIEZ CONSEJOS SOBRE LA TÉCNICA CORRECTA

1 En la posición de pie, mantenga siempre erguida la parte superior del cuerpo.

2 Intente siempre alinear los hombros sobre las caderas, las caderas sobre las rodillas, y las rodillas sobre los tobillos.

3 En los movimientos en los que una pierna está delante o detrás de la otra, evite inclinarse hacia adelante. En lugar de ello, mantenga la parte superior del cuerpo elevada directamente sobre las caderas.

4 Cuando realice movimientos rotatorios (girando las piernas hacia fuera), asegúrese de que esa acción proviene de girar las caderas en la parte superior de los muslos, y no de empujar hacia fuera las rodillas. Las rodillas deben seguir la dirección de las caderas, y los tobillos y los dedos de los pies deben seguir la dirección de las rodillas. Recuerde: caderas, rodillas, tobillos —por este orden.

5 Al agacharse con un «squat» o sentadilla, o movimiento similar, procure que no le tambaleen las rodillas.

6 Cuando utilice cualquier forma de apoyo, como el palo de una escoba o una silla, procure no colgarse sobre él con todo el peso de su cuerpo. En su lugar, piense en elevarse con ayuda del soporte. Ahí es donde entra en juego su abdomen.

7 Cuando mueva la pierna hacia atrás, como en una extensión de cadera, asegúrese de tirar realmente hacia arriba con su abdomen para mantener el movimiento aparte de su zona baja de la espalda y limitado a la articulación de la cadera.

8 Mantener el abdomen constantemente elevado le ayudará considerablemente a conservar su equilibrio.

9 Empiece cada ejercicio contrayendo (apretando) los músculos, y procure mantener esta contracción durante toda la secuencia del movimiento.

10 Crea en sí mismo. Una mentalidad confiada le fortalecerá.

CAPÍTULO 3

EL PROGRAMA «BOTTOM LINE»

CÓMO FUNCIONA

Los cuatro planes de este libro forman juntos un programa progresivo, paso a paso, que implicará una verdadera diferencia en su línea básica. Cada plan por sí mismo constituye un conjunto de ejercicios autónomos que se centran en el desarrollo de habilidades específicas para conseguir músculos de las piernas más firmes y tonificados. Comience por el Primer Plan y trabaje cada plan a su propio ritmo, pasando al siguiente solamente cuando ya domine todos los aspectos del mismo. Recuerde que con este programa va a realizar un esfuerzo organizado para alcanzar su objetivo por *etapas*. Por tanto, piense en cada plan como una etapa o un eslabón de una cadena. A medida que progrese por medio de los planes, añadirá más eslabones a su cadena, que le conducirán a su objetivo final de piernas fuertes y bien formadas y de mejoría de postura.

Primer Plan: Técnica de posición básica

Aquí aprendemos la posición y la colocación básica, el primer eslabón de nuestra cadena, realmente esencial si quiere completar eficazmente el programa. Este plan pone los cimientos sobre los cuales se basan todos los planes siguientes, y le proporciona toda la información que necesita con respecto a dónde debe colocar la cabeza, los hombros, las caderas, las rodillas y los tobillos en su mutua relación entre sí, en diversas posiciones que utilizaremos en los planes posteriores. El dedicar tiempo a dominar la técnica apropiada y la posición correcta del cuerpo contribuirá a potenciar al máximo los beneficios de sus ejercicios, y minimizará la cantidad de tiempo destinado a los mismos.

Segundo Plan: Conseguir equilibrio

A continuación, vamos a cultivar nuestro sentido del equilibrio, utilizando los músculos del abdomen, de la espalda y de las piernas. También introduciremos movimientos de desplazamiento en el programa, de modo que realmente empiece a ejecutar cada ejercicio de manera más dinámica —otra etapa más para conseguir glúteos más firmes y piernas más esbeltas.

Tercer Plan: Tácticas variables

Aquí vamos a combinar algunos trabajos tradicionales tumbados en el suelo con trabajos de pie sin apoyo, que implican secuencias más largas de movimientos para desarrollar más su sentido del equilibrio, añadiendo más eslabones a nuestra cadena y acercándonos más al objetivo.

Cuarto Plan: Consecución del objetivo

Este plan va a poner a prueba aún más su gama de movimientos introduciendo en su programa algunos movimientos de tipo deportivo, saltos y botes —el eslabón final de nuestra cadena—. Saltará realmente hacia su mejor forma posible, mientras aumenta su nivel de energía. ¡Podrá decir adiós a los viejos tiempos!

CÓMO OBTENER EL MÁXIMO DE ESTE PROGRAMA

Sea cual fuere su capacidad, empiece siempre por el Primer Plan para asegurarse de que está familiarizado con los aspectos básicos y que puede completar el número máximo de repeticiones de forma adecuada antes de pasar a los ejercicios más difíciles. Incluso si ha practicado ejercicio regularmente durante años, tómese el tiempo necesario para revisar su técnica básica.

Si la práctica de la gimnasia es una novedad para usted, necesitará un poco más de tiempo para familiarizarse con los puntos básicos del Primer Plan. Tómeselo con calma y no se preocupe si al principio no puede conseguir el número indicado de repeticiones. Haga todas las que pueda, concentrándose realmente en hallar su posición correcta, y a medida que se encuentre más fuerte aumente gradualmente el número de repeticiones. Si no desafía a su cuerpo enfrentándolo a dificultades, no puede esperar cambiarlo. Recuerde que no es una carrera, y que la única persona con la que compite es usted mismo.

La práctica perfecciona

Si no ha hecho ejercicio durante un año más o menos, propóngase practicar el Primer Plan dos veces por semana, en días no consecutivos. Una vez haya realizado el Primer Plan, completando todas las repeticiones recomendadas de forma adecuada, puede aumentar a tres veces por semana o pasar al plan siguiente.

Si hace ejercicio con regularidad, hágase el propósito de practicar el Primer Plan tres veces por semana, igualmente en días no consecutivos. Una vez haya completado las repeticiones recomendadas de forma adecuada y tenga confianza en cada movimiento, puede pasar al plan siguiente.

Continúe así con cada uno de los planes, asegurándose de que domina todos los movimientos antes de pasar al plan siguiente. Si alguna vez interrumpe el programa, o no lo practica con la debida constancia, empiece de nuevo siempre con el plan anterior cuando reanude el programa, y trabaje a partir de ahí.

Si se siente realmente con mucha confianza y desea practicar más frecuentemente, ¡estupendo! Sin embargo, no debe hacer ejercicio utilizando el mismo plan dos días seguidos, con el fin de conceder suficiente tiempo de recuperación a los músculos, los cuales necesitan cierto descanso, especialmente si han trabajado duro. Esto les permite tiempo para recuperarse y acostumbrarse a las nuevas demandas que se les hagan. Si concede suficiente tiempo de recuperación a los músculos obtendrá resultados reforzados y reducirá el riesgo de lesiones.

No se trata de cuánto hace, sino de cómo lo hace

No es la cantidad de repeticiones, sino la calidad de cada repetición lo que cuenta, y ésta es la razón por la cual este programa implica ahorro de tiempo. Es mucho mejor efectuar 16 repeticiones bien hechas que intentar 20 o 30 de modo inadecuado e indisciplinado, con lo cual sólo cinco o diez de ellas son realmente eficaces. Por tanto, procure aumentar gradualmente el número cada vez que haga ejercicio. El factor determinante para saber si debe añadir otra serie de repeticiones es considerar si puede ejecutar la cantidad indicada con fuerza y en forma apropiada. Para conseguir un auténtico progreso, tendrá que estar preparado para exceder sólo un poco su nivel de comodidad, con el fin de proporcionar un desafío suficiente a los músculos. Si permanece siempre dentro de su nivel de comodidad, su cuerpo no se ve forzado a realizar ninguna adaptación. En consecuencia, nunca progresará hasta el punto que puede y debe alcanzar.

Calentamiento previo al ejercicio

Empiece siempre sus sesiones calentando y preparando sus articulaciones y sus músculos para el ejercicio (ver páginas 30-40). La preparación mental y física previa al ejercicio es una parte esencial del proceso. Procure no descuidar esta sección del programa, pues ello aumentará su eficacia. Del mismo modo, al final de su sesión de ejercicios, dedique algún tiempo al enfriamiento y a trabajar en el mejoramiento de su flexibilidad (ver páginas 89-102). En esta fase su cuerpo estará mejor y caliente y más receptivo a los estiramientos en esta sección del programa.

Comprométase y sea constante

El compromiso y la constancia son importantes si quiere conseguir resultados de verdad. Así pues, prepare un plan y destine un periodo de 10-20 minutos dos o tres días cada semana para practicar este programa —y propóngase *cumplir* ese plan—. Es buena idea destinar determinados periodos fijos de tiempo, de modo que, por ejemplo, a las siete del lunes los 20 minutos siguientes sean para usted. Por supuesto, de vez en cuando habrá días en que tenga que pasar por alto su sesión de entrenamiento. Bueno. La vida es así. Asegúrese doblemente de realizar su trabajo el día siguiente y reafirme mentalmente sus objetivos. ¿Recuerda por qué seleccionó este libro en primer lugar? Usted quiere mejorar su forma física. Por consiguiente, ¡adelante! Céntrese en los numerosos beneficios que conseguirá. Estoy convencida de que una vez que inicie este programa lo encontrará tan fascinante, y los resultados serán tan gratificantes, que lo considerará un compromiso total.

Visualice sus objetivos

Fíjese algunos objetivos, ¡y luego visualícelos! Concrételos: desea piernas más formadas, muslos más firmes. Ha escogido este libro porque desea un cuerpo más esbelto y más fuerte —por tanto, ¡actúe para lograrlo! Dedique tiempo a pensar realmente lo bien que se sentirá, y que sus piernas van a estar mucho más formadas. Imagine a su cuerpo que se vuelve mejor formado, más tonificado y más fuerte cada día y sienta que crece su confianza. Usted *va* a conseguir un cuerpo formado, tonificado y elegante. Imagínese triunfando. La vida puede ser mucho más fácil cuando pensamos positivamente en lugar de negativamente. Muchas personas pueden ser bastante buenas deprimiéndose —y algunas pasan toda su vida haciéndolo—. Ahora, usted va a cambiar todo eso. ¡Piense en lo que desea, y lo conseguirá! Recuerde que estaré con usted en cada etapa del camino.

Anote sus progresos

Para animarle a continuar e inspirarle mayores objetivos, lleve un registro de sus progresos. Haga una copia de la ficha de entrenamiento de la página 127 y rellénela después de cada sesión. Péguela en un lugar muy visible, como la puerta de su frigorífico, de modo que tenga un recordatorio constante de sus logros diarios. Anote cualquier mejoría que vea y sienta, y apunte cualquier otra actividad o ejercicio que realice. Del mismo modo, lleve un registro de sus hábitos dietéticos, utilizando el formulario de la página 128, y anote cualquier cambio que efectúe. Se ha demostrado reiteradamente que al anotar sus progresos de esta manera, aumentan sus probabilidades de constancia, y consiguientemente de éxito en la consecución de sus objetivos.

Siga progresando

Una vez haya completado con éxito todos los cuatro planes, puede intercambiarlos según desee o pasar al apartado de variaciones del programa en el capítulo cuarto. Aquí hallará cierto número de sugerencias para cambiar la forma en que estimula sus músculos, con el fin de asegurar una continuidad de progresos, además de añadir variedad y dificultad a su programa. Esto impedirá que llegue a un tope y le permitirá ver continuos cambios. En esta sección también encontrará algunas ideas nuevas para trabajar con un compañero, lo cual proporciona una motivación extra y un incentivo para sus ejercicios.

Éste es su programa, por tanto haga que le sea útil. Recuerde que si nota que su técnica se resiente, o simplemente si percibe que sus movimientos son incorrectos, y necesita recapitular los puntos básicos, ha de volver al Primer Plan para refrescar los conceptos.

EL PROGRAMA «BOTTOM LINE»

Unas palabras de advertencia

Este programa va dirigido a personas con buena salud. Si ha padecido alguna vez una afección de cadera, espalda o rodilla, o no se ha hecho un chequeo médico desde hace más de un año, es esencial que le revise su médico y obtenga su autorización antes de comenzar este programa.

Si siente cualquier dolor agudo o súbito o un desvanecimiento mientras practica estos ejercicios o cualesquiera otros, pare inmediatamente y, si es necesario, consulte con su médico.

CALENTAMIENTO

Muy bien, una vez asimilado el concepto básico sobre la forma en que trabajan los músculos de las piernas, está a punto para los primeros movimientos de calentamiento o preparatorios. Si ha llegado hasta aquí en la lectura, es obvio que se ha comprometido a entrenar su cuerpo. Desea sentirse mejor, más fuerte, con más confianza con respecto a su cuerpo, y esta sesión preparatoria es el primer paso hacia estos objetivos.

Empezaremos preparándonos mentalmente. Antes de abrir este libro para iniciar sus ejercicios, es probable que su mente estuviera en otra parte. Quizá haya llegado a casa del trabajo o de acompañar a los niños al colegio, o tal vez haga una pausa en medio de un día muy ocupado. ¿Desea realizar una buena sesión de entrenamiento, que produzca resultados? Conforme, entonces es necesario que se concentre mentalmente en lo que va a emprender y en los beneficios que va a conseguir. Es un tiempo exclusivamente suyo y se merece invertirlo en su salud y bienestar.

Esta serie de movimientos está concebida para calentar y preparar sus articulaciones para los ejercicios siguientes. En esta sección no pretendemos todavía añadir resistencia alguna, sino tan sólo elevar la temperatura del cuerpo y de los músculos y hacer que las articulaciones intervengan en movimientos similares a los que van a realizar posteriormente con más resistencia.

Muévase fluidamente en cada movimiento *sin forzar*, utilizando la máxima amplitud posible y aumentándola suavemente en cada repetición. Esto servirá para activar las articulaciones y prepararlas para las tensiones que tendrán que soportar más tarde. La investigación ha demostrado que preparar las articulaciones y calentar los músculos de esta forma aumenta el número real de fibras musculares que pueden ponerse en acción en los mismos ejercicios de tonificación, incrementando por consiguiente la eficacia de su ejercicio. Así pues, no cometa el error de subestimar la importancia de esta parte del programa. Incluso si por cualquier razón no puede completar todos los movimientos preparatorios, haga algunos de ellos cada vez que practique, inmediatamente antes de pasar a los ejercicios de tonificación.

En cada ejercicio concreto se recomienda un número determinado de repeticiones, pero si cree que su cuerpo no se suelta suficientemente, repita los movimientos unas cuantas veces más hasta que empiece a notar mayor movilidad en las articulaciones y en el resto del cuerpo. Hay muchos factores que determinan la rapidez de calentamiento. El tiempo que tarde dependerá de la hora del día que elija para realizar su ejercicio, de su actividad inmediatamente anterior al comienzo, y de si mentalmente se preocupa por otros asuntos. Por tanto, ha de ser consciente de que algunos días efectuará su calentamiento más pronto y con más facilidad que otros. Tome nota de esas ocasiones en que haya ido todo más rápido. Quizá pueda ajustar el tiempo de su ejercicio consecuentemente, o bien situarse en un entorno similar. Un buen calentamiento le prepara para un ejercicio aún mejor.

A medida que realice cada movimiento de calentamiento, cuanto más se concentre en la posición correcta, más eficaz será cada repetición y más pronto empezará a soltarse su cuerpo.

Perfectamente, ya hay bastante. Pongámonos en acción. Recuerde que estos movimientos son sencillos, fluidos y suaves —¡el verdadero trabajo está aún por llegar!

ALIVIO DE LA ZONA BAJA DE LA ESPALDA (LUMBAR)

Si su trabajo le obliga a estar sentado muchas horas al día, puede practicar este movimiento para proporcionar un poco de alivio a su espalda.

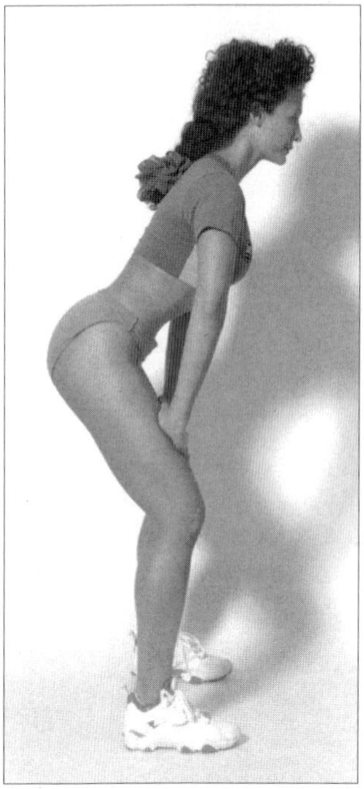

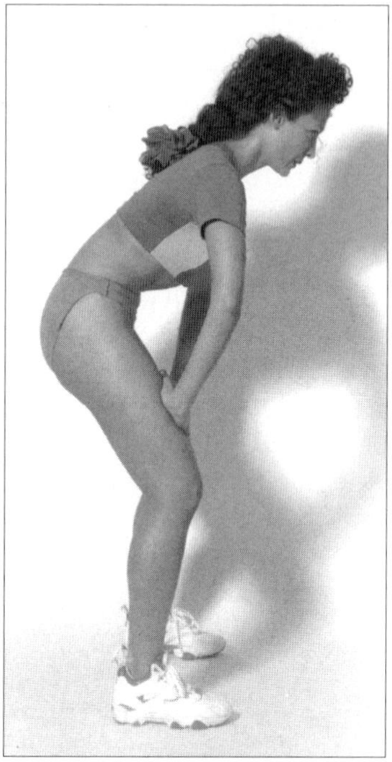

- Sitúese con los pies algo más separados que la anchura de las caderas y coloque las manos sobre los muslos, bien por encima de las rodillas.

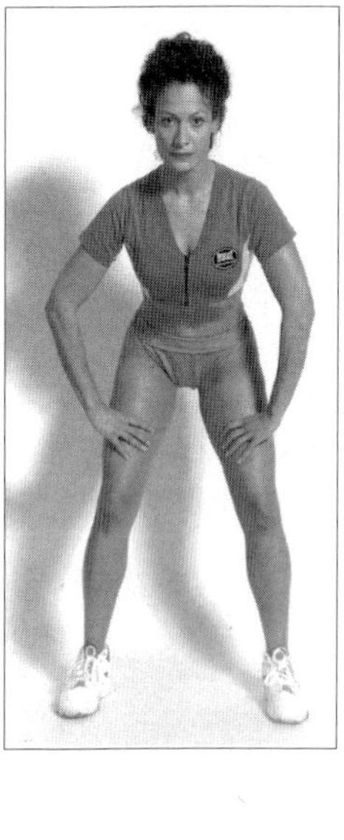

- Presione su ombligo hacia la zona baja de la espalda y arquee suavemente la espalda, y luego vuelva a una posición de espalda plana. Repita otra vez, y vuelva a poner la espalda plana. Continúe así, con movimientos suaves hasta 16 veces, aplanando y arqueando la zona lumbar todo lo que pueda en cada ocasión.

ROTACIÓN DE LAS CADERAS

● Empiece con los pies separados la anchura de los hombros, y las manos en las caderas.

● Aquí va a rotar las caderas en un círculo completo. En primer lugar presione las caderas hacia atrás, y luego hacia un lado, y después eleve su abdomen y presione la pelvis por debajo para aplanar la zona baja de la espalda. Siga moviendo las caderas hacia el otro lado, de nuevo hacia la espalda, y prosiga en la misma dirección. Repita 8 veces con un movimiento fluido, y luego repita en dirección opuesta. Haga el mismo número de repeticiones en cada dirección.

ESTIRAMIENTO DE MUSLOS

● Empiece con la rodilla posterior en el suelo y la otra pierna hacia adelante, con el pie plano sobre el suelo, manos en el suelo a cada lado del pie delantero. En este ejercicio se va a mover hacia adelante sobre la rodilla delantera, así pues controle la posición del pie delantero antes de empezar. Compruebe que coloca el pie delantero más allá de la rodilla, de modo que al moverse hacia adelante, su rodilla delantera acabe encima del tobillo, en ángulo de 90 grados, y la pierna posterior alargada, especialmente en la parte superior del muslo (articulación de la cadera). Mantenga su tronco elevado en todo momento.

● Flexione lentamente la rodilla delantera y presione hacia adelante, mientras mantiene la elevación de su tronco. Manténgase hasta la cuenta de 2, y luego vuelva lentamente a la posición inicial. Estírese de nuevo y repita el movimiento hacia adelante y hacia atrás 4 veces. Cada vez que se mueva hacia adelante, sienta realmente esa elevación desde el ombligo hasta lo alto de la cabeza. En la última repetición mantenga el estiramiento del muslo hasta una cuenta de 8.

● Cambie de piernas, y repita con la otra pierna adelantada.

ESTIRAMIENTO CARA POSTERIOR DE PIERNA

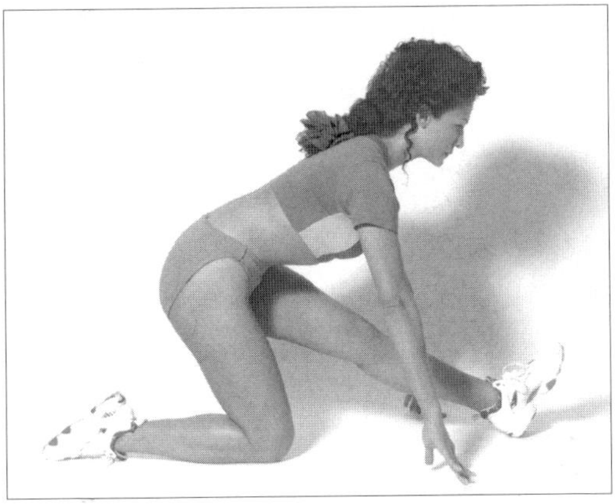

Éste es un gran estiramiento de calentamiento para los músculos isquiotibiales.

- Empiece con la rodilla posterior sobre el suelo y la pierna delantera flexionada, pero esta vez asegúrese de que la rodilla esté perpendicular sobre el tobillo. Ambas manos tocan el suelo, a cada lado de la pierna delantera. Desde aquí va a trasladar su peso hacia atrás, fijándose en que no descanse directamente sobre la rótula de la pierna de apoyo, sino precisamente debajo de ella.
- Estire su pierna delantera, elevando los dedos del pie del suelo y subiendo el ombligo, junto con el tronco hacia arriba sobre su pierna extendida. Procure *no sentarse sobre su pierna posterior,* pues esto presionaría los ligamentos de la rodilla. Muévase hacia adelante a la posición de partida y luego hacia atrás hasta conseguir el estiramiento total de la pierna. Repita 4 veces y en la cuarta repetición manténgase en la posición extendida hasta una cuenta de 8.
- Fíjese bien y coloque ambas manos sobre el suelo, pues de lo contrario sus músculos se contraerían en lugar de relajarse. Si no puede mantener ambas manos abajo al moverse hacia atrás, procure arrastrarlas por el suelo al lado mismo de la pierna extendida.
- Cambie de piernas y repita.

Sentarse hacia atrás sobre la rodilla es un movimiento contraindicado y puede dañar las estructuras que la mantienen unida.

GIROS DE TOBILLO

Dado que posteriormente vamos a hacer mucho trabajo de pie, es necesario que preparemos completamente los tobillos para la tarea que han de realizar.

- Póngase de pie con las manos en las caderas y cargue su peso sobre una pierna. Gire el otro tobillo hacia afuera y efectúe 8-10 rotaciones completas. Repita, girando esta vez el tobillo hacia dentro. Efectúe los giros con suavidad y recuerde que no debe cargar su peso en el tobillo que gira.

- Repita ahora toda la secuencia con el otro tobillo.

ESTIRAMIENTO CON FLEXIÓN LATERAL DE LA PIERNA

- Colóquese de pie con los pies separados según la anchura de los hombros, y las manos en las caderas.

- Flexione lateralmente la pierna izquierda y doble la rodilla, poniendo ambas manos por encima de la rodilla izquierda y estirando la pierna derecha. Al bajar en el movimiento, procure cargar su peso hacia el área de la cadera de la pierna izquierda, de modo que sienta un estiramiento en el músculo aductor de la pierna derecha. Para completar la siguiente repetición, estire la pierna izquierda, y luego flexiónela de nuevo. Repita 8-10 veces y, en la última repetición, tire hacia arriba los dedos del pie de la pierna extendida y mantenga la posición de flexión hasta una cuenta de 8.

- Ahora, ¡hágalo por el otro lado!

ALIVIO DE CUELLO

También puede utilizarlo para aliviar cualquier tensión que haya afectado la zona del cuello y de los hombros durante el curso del día. Si ha tenido problemas con sus hijos, con su cónyuge o con un jefe exigente, seguramente tendrá tensión en esta zona. Algunas veces, cuando nos concentramos realmente con intensidad en un ejercicio, o bien en cualquier tarea, esta tensión tiende a hacernos levantar los hombros. Tenga cuidado con esta tendencia, y trate de mantener los hombros bajos y relajados en todo momento, no sólo cuando haga ejercicio sino también todo el resto del día. Entonces, pruébelo y líbrese de parte de esa tensión.

● Sitúese de pie separando los pies según la anchura de los hombros, manos en las caderas, hombros atrás y abajo.

● Levante un brazo y coloque la mano en el lado opuesto de su cabeza. Deje que la cabeza caiga suavemente a un lado, ejerciendo un poco de presión justo encima de la oreja para ayudar a que la cabeza se separe del hombro presionando hacia abajo. Aguante así hasta contar 16. Ahora, todavía sosteniendo la cabeza hacia un lado, eleve ligeramente su mentón y aguante hasta otra cuenta de 16.

● Si su cuello está realmente tenso, quizás encuentre incómodo aguantar hasta la cuenta de 16. En este caso, aguante hasta 8 segundos, haga una breve pausa y luego aguante 8 segundos más.

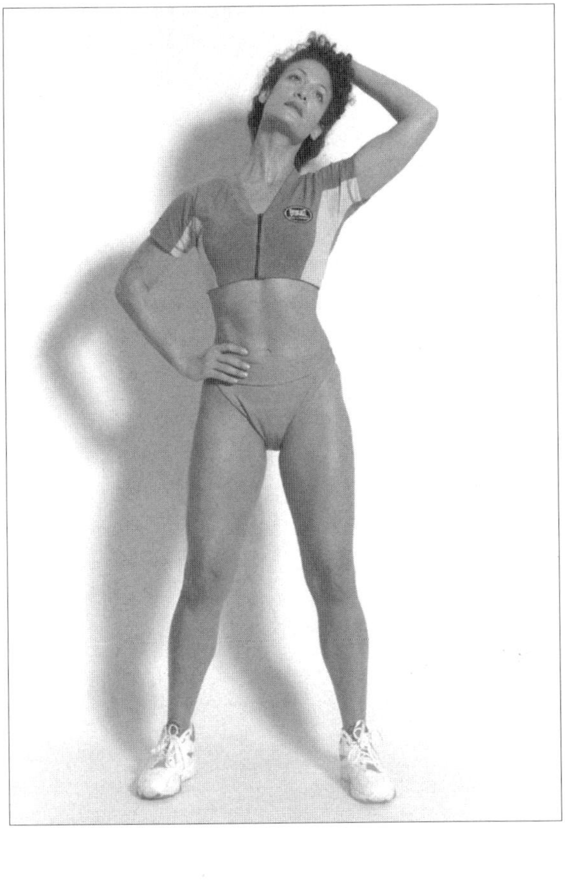

● No olvide repetir por el otro lado.

● Finalice dejando balancear la cabeza, de la oreja al hombro, de un lado al otro, 8 veces con un movimiento fluido y suave.

● Si todavía siente alguna tensión en esta zona, repita el ejercicio por ambos lados, contando otros 8-16 segundos en cada posición.

EXTENSIÓN LATERAL CON BRAZO LEVANTADO

Aquí necesita concentrarse. Piense en practicar la extensión desde la cintura, sintiendo que su energía fluye hacia arriba a través del tronco hasta la punta de los dedos de las manos. Intente mantener los hombros hacia abajo y lejos de las orejas.

- Sitúese con los pies separados según la anchura de los hombros, manos en las caderas. Eleve lateralmente un brazo recto. Cuando lo haya estirado todo lo posible, empiece a flexionar hacia el lado con movimiento suave, desde la cintura para extenderse desde el costado hacia su espalda. Vuelva a la posición inicial y repita hacia el otro lado.

- Alterne los lados, haciendo 4-8 repeticiones a cada lado, manteniendo una tónica suave y circular en su movimiento. Si comprueba que alguna parte de esta extensión incide en una zona que siente realmente tensa, manténgase ahí un poco más.

ESTIRAMIENTO DE LOS CUÁDRICEPS

● Los cuádriceps se estiran muy raramente por completo durante nuestras actividades cotidianas, por lo cual es importante dedicar tiempo para extenderlos y calentarlos. Colóquese cuidadosamente en este ejercicio, y sentirá un estiramiento en el conjunto de los músculos cuádriceps. Utilice como apoyo el respaldo de una silla, un sofá o una pared.

● Apóyese en su soporte con la mano derecha. La otra mano queda libre para sostener el pie de la pierna que va a estirar. Flexione la rodilla izquierda hasta que pueda agarrarse el pie, preferiblemente el talón, mientras eleva el abdomen y mantiene la pelvis hacia abajo para evitar arquear la espalda.

● Mueva la rodilla hacia atrás *sin arquear su zona baja de la espalda.* Sentirá que empieza a estirarse la parte superior de su muslo izquierdo. Cuando la rodilla esté tan atrás como pueda llevarla, eleve el talón hacia sus glúteos sólo un poco. Aguante hasta una cuenta de 10-20.

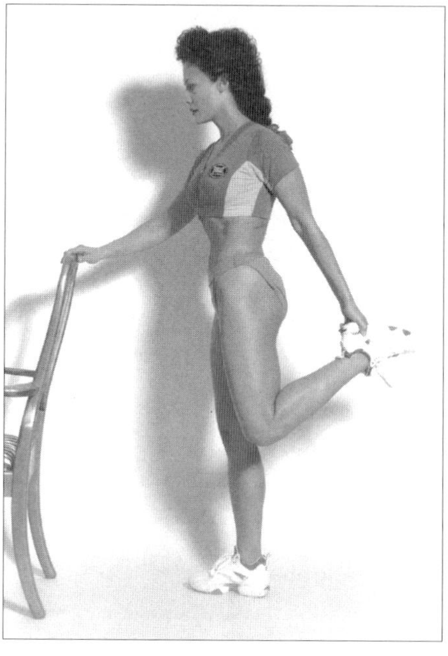

● Sabrá si está presionando la rodilla demasiado hacia atrás, porque la zona baja de la espalda empezará a arquearse y sentirá tensión en esta zona. En la posición correcta debe sentir como se extiende todo el músculo cuádriceps sin tensión en la rodilla ni en la zona baja de la espalda.

● Prepárese para realizar lo mismo con la otra pierna.

¿Se siente bien después del calentamiento? Siga, vamos a pasar a la parte del programa en la que efectuaremos algunos cambios reales.

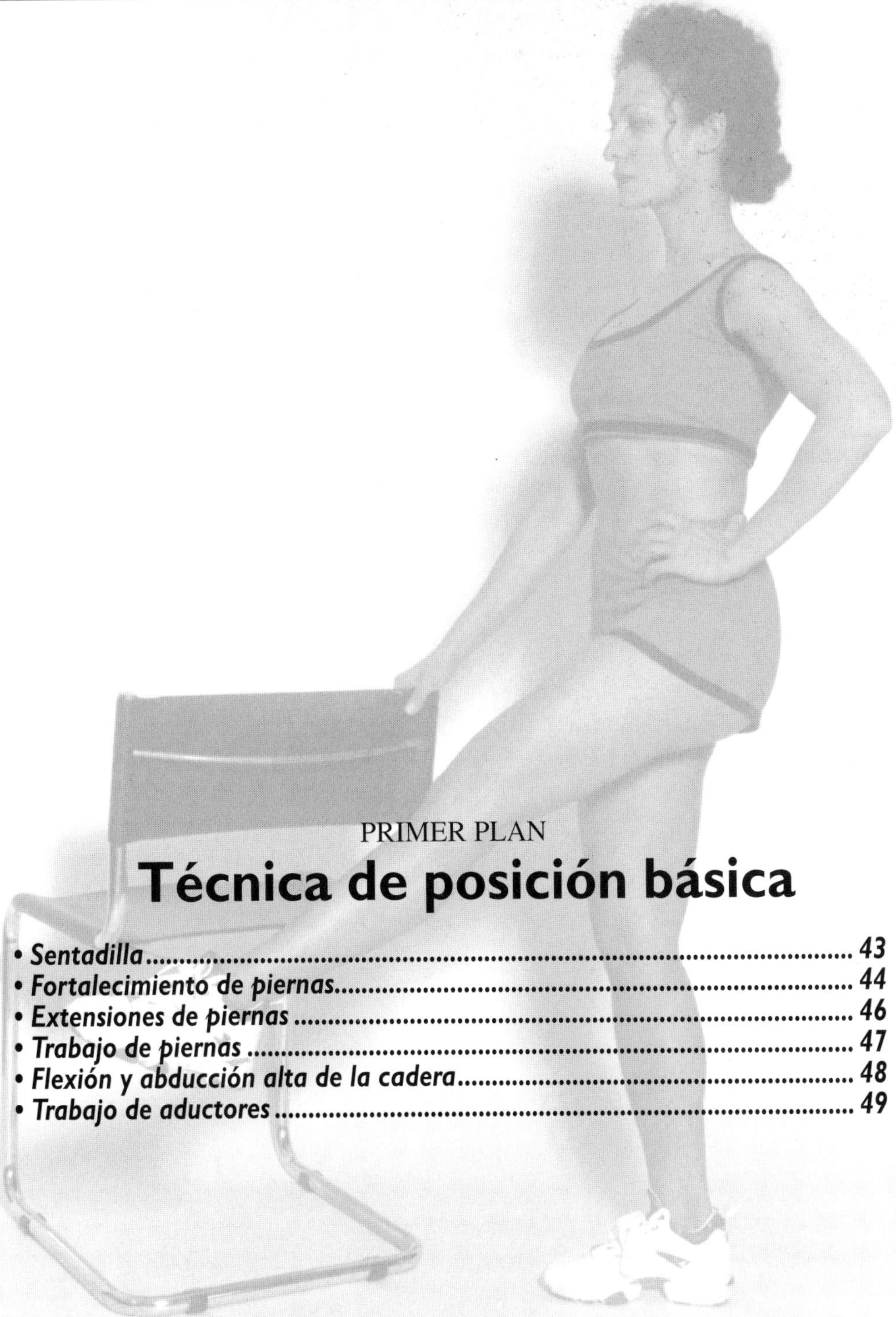

PRIMER PLAN

Técnica de posición básica

¿Ya ha calentado? Bien, entonces ha llegado el momento para familiarizarse con la parte básica. Cada ejercicio de este plan ha sido seleccionado para demostrar la función muscular básica y ayudarle a encontrar su posición correcta.

Trate de pensar en cada ejercicio como en una serie de movimientos controlados, continuos y fluidos que van a seguir, uno detrás de otro. Para obtener el máximo de cada ejercicio, manténgase firmemente y recto al final de cada repetición durante 2-3 segundos, justo lo suficiente para concentrarse realmente en su posición antes de comenzar la siguiente repetición. Luego, cuando vuelva a la posición de partida, prepare su movimiento para la siguiente repetición. Aunque se dan indicaciones para las repeticiones, no se preocupe si al principio no puede completar el número sugerido. Practique hasta llegar gradualmente a la cantidad recomendada. Si quiere hacer más, ¡adelante! Asegúrese siempre de hacer el mismo número por cada lado. Una vez adquiera confianza con un ejercicio, puede fijarse el objetivo de completar otra serie.

Si desea que estos ejercicios influyan en su línea básica, debe adquirir un buen conocimiento funcional de la posición correcta. Para realizar progresos continuados es esencial que sienta cierto grado de confianza y que sea capaz de completar el número recomendado de repeticiones de forma clara y vigorosa antes de pasar al plan siguiente. Concéntrese en mantener elevados los abdominales durante cada ejercicio para ayudarle a conservar el equilibrio. Recuerde apretar sus glúteos —si los deja flojos, ¡seguirán flojos!

Deseo que vea y sienta resultados en tan breve tiempo como sea posible. Por tanto, practique concienzudamente estos ejercicios básicos, y obtendrá muchos más beneficios de los ejercicios progresivamente más difíciles que realizará posteriormente en el curso del programa. Observe cómo cambian de forma las piernas.

¡Vamos a empezar!

PRIMER PLAN

SENTADILLA

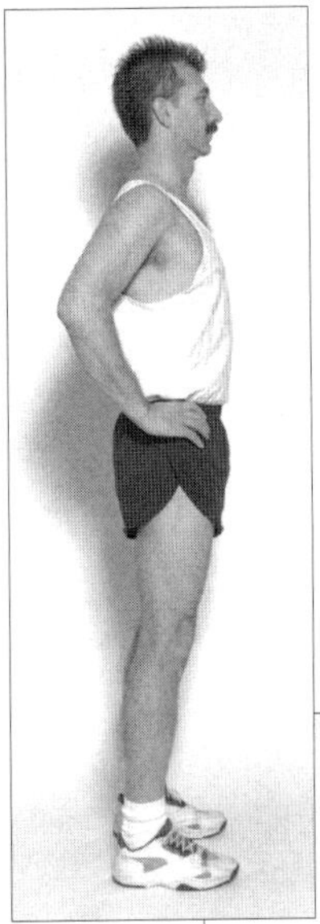

Tómese tiempo para hallar la posición correcta del cuerpo en este ejercicio. Utilice un espejo para controlar la alineación de sus caderas, rodillas y tobillos. Su colocación en este ejercicio es fundamental para la ejecución de muchos de los ejercicios de este libro, por lo cual vale la pena dedicar el tiempo necesario para familiarizarse con ella.

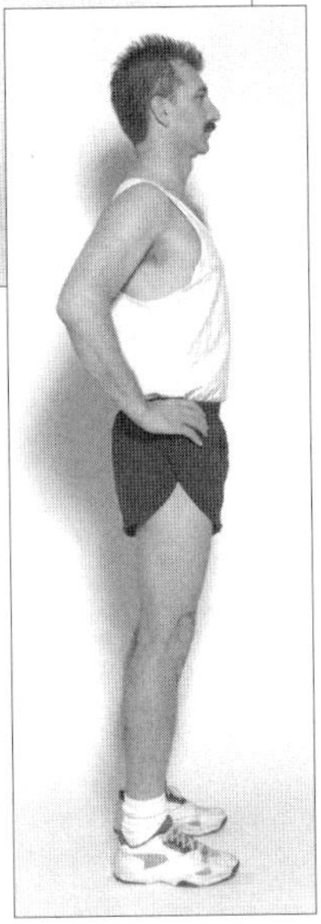

CONSEJOS

▶ A medida que descienda hacia la posición de sentadilla, procure evitar echar las rodillas adelante y su pelvis hacia abajo —limítese a sentarse de modo que las rodillas permanezcan sobre los tobillos.

▶ Cuando vuelva a la posición de partida, elévese desde el abdomen y enderece las caderas sin cerrar las rodillas —procure no permanecer flexionado por las caderas (parte superior de los muslos).

- Sitúese derecho, con los pies separados según la anchura de los hombros y paralelos, apuntando recto hacia adelante, manos en las caderas. Peso equilibrado desde el puente de los pies, hacia los talones, con rodillas alineadas sobre los tobillos.
- Manteniendo el pecho erguido y las rodillas directamente sobre los tobillos, extienda los brazos hacia adelante mientras empuja los glúteos hacia atrás y flexiona las rodillas como si fuera a sentarse en una silla.
- Para volver a la posición de partida, eleve el abdomen y suba hasta que las rodillas queden rectas pero no cerradas, y las caderas abiertas y rectas.
- Empiece con tantas repeticiones como pueda efectuar manteniendo el cuerpo alineado, y llegue hasta 8-16 repeticiones.

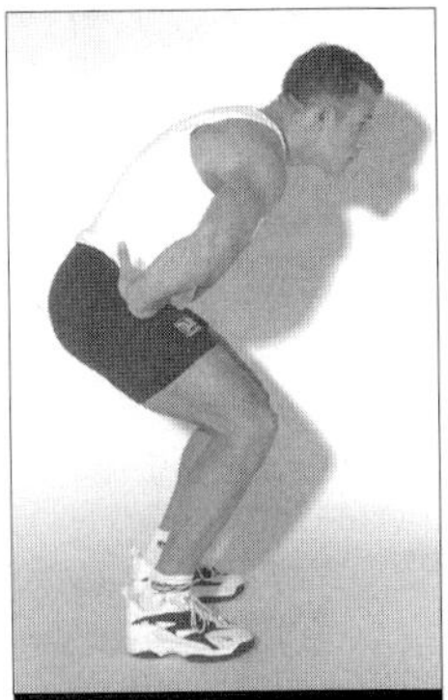

Observe cómo las rodillas sufren exceso de carga en la posición de sentadilla si deja que su peso se desplace hacia adelante y que las rodillas sobrepasen a los tobillos.

FORTALECIMIENTO DE PIERNAS

Este movimiento es fundamental para el trabajo funcional en el suelo de este programa, por lo cual ha de prepararse para dedicar cierto tiempo para encontrar su posición correcta. Con la práctica, la posición correctamente alineada llegará a ser una segunda naturaleza.

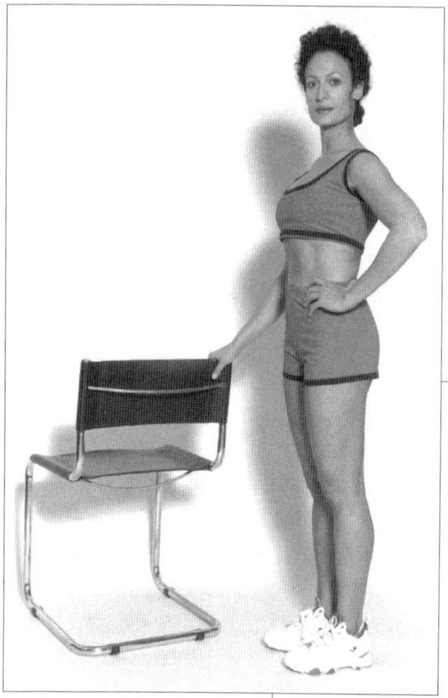

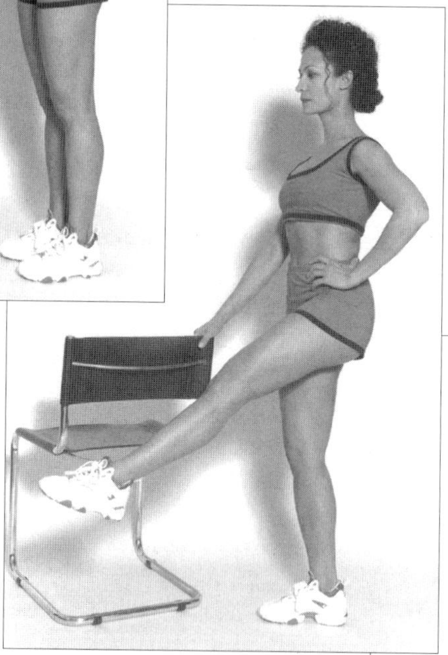

- Colóquese derecha con los pies juntos. Mano izquierda en la cadera, y mano derecha en el respaldo de una silla como apoyo.

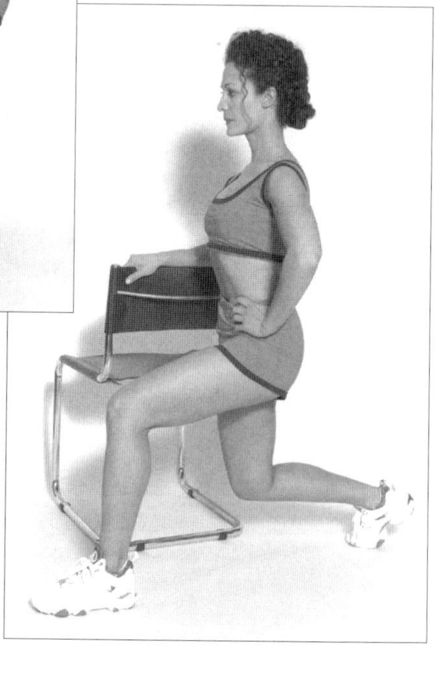

- Eleve su abdomen y, manteniendo el peso de su tronco elevado y atrás, cargue su peso sobre la pierna derecha y extienda la pierna izquierda hacia adelante para bajar en la posición avanzada, flexionando ambas rodillas y conservando erguido el tronco. La rodilla delantera debe estar alineada encima del tobillo.

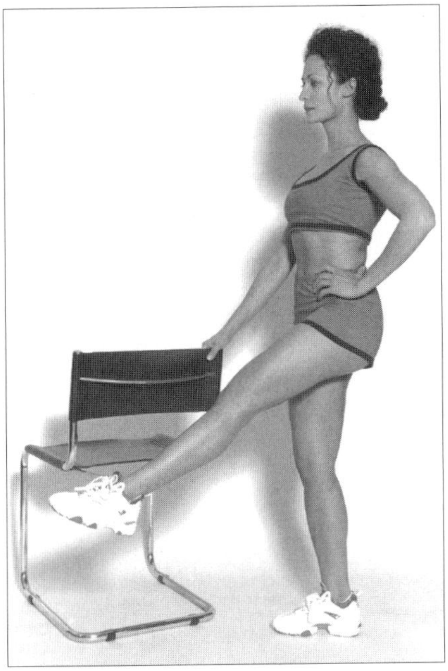

● Haga todas las repeticiones que pueda, fijándose como objetivo completar 8-16 repeticiones limpias. Al decir limpias quiero significar que cuando baja hacia la posición de pierna avanzada y luego empuja hacia arriba, el peso de su cuerpo no debe echarse hacia adelante ni hacia atrás, sino que debe mantener erguido el tronco.

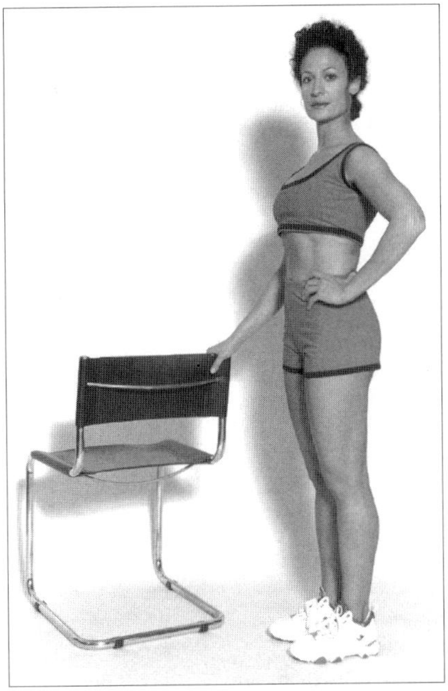

● Repita por el otro lado. Recuerde que ha de hacer el mismo número de repeticiones por cada lado.

● Para volver a la posición inicial, eleve su abdomen mientras aprieta los glúteos y los aleja del suelo. En este punto, fíjese para subir su tronco recto y vuelva a la posición de partida colocando los pies juntos. Procure no inclinarse hacia adelante.

CONSEJOS

▶ Durante este ejercicio la zona abdominal permanece elevada para equilibrio y control.

▶ Asegúrese de apretar los glúteos —si permanecen flojos, seguirán flojos.

▶ Mantenga estable la rodilla delantera —procure que no bambolee ni acercándose ni alejándose.

EXTENSIONES DE PIERNAS

Se trata de una posición fácil para trabajar los glúteos.

- Apoye los antebrazos en el respaldo de una silla. Presione sus omoplatos hacia abajo para mantener los hombros lejos de las orejas y conserve el abdomen elevado para sostener la pelvis en posición. Levante una rodilla hacia adelante.

- Extienda ahora la pierna abajo y atrás, como si fuera a alejar un objeto con el pie, mientras mantiene quieto el resto del cuerpo, especialmente las caderas.

- Eleve de nuevo la rodilla hacia adelante para preparar la siguiente repetición. Imagine que alguien está intentando empujarle la pierna hacia el cuerpo, mientras usted resiste y procura estirar la pierna hacia abajo y hacia atrás.

- Complete 8-16 repeticiones antes de repetir con la otra pierna.

Tal como puede ver, si la zona abdominal no está elevada e intenta levantar demasiado la pierna, su espalda se ve muy comprometida y el ejercicio es mucho menos eficaz.

CONSEJOS

▶ Al extender la pierna, cuanto más quieto pueda mantener el resto del cuerpo, más éxito tendrá en fortalecer los músculos de los glúteos.

▶ Aunque utilice la silla como apoyo, procure que el cuerpo no se desplome completamente sobre la silla. Mantenga el cuerpo erguido, y procure que sólo se mueva la pierna que trabaja.

TRABAJO DE PIERNAS

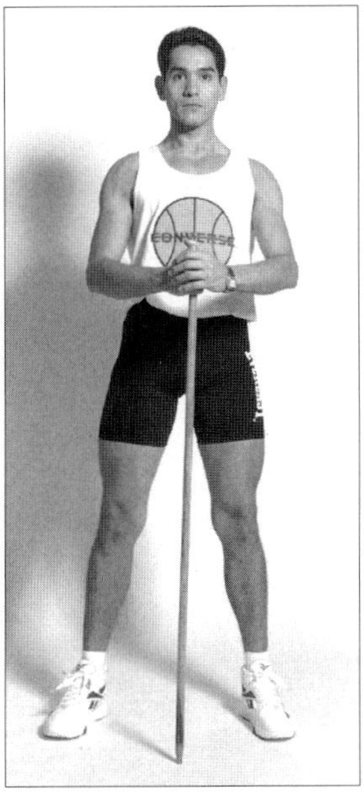

Necesitará utilizar el palo de una escoba o una pica para este ejercicio.

- Sitúese de pie y agarre un palo de escoba o una pica enfrente suyo a una distancia cómoda. No debe tener los codos demasiado cerca del cuerpo, pero tampoco debe tener los brazos tan extendidos que la posición de su cuerpo quede descentrada debido a que se estira demasiado.

- Siéntese en la posición de sentadilla recta, con las rodillas directamente encima de los tobillos y el peso cargado sobre los talones.

- Ahora, sin dejar que se levanten los hombros, eleve desde el abdomen y contraiga los glúteos bajo suyo mientras sube el cuerpo recto y extiende una pierna lateralmente. La rodilla elevada permanece mirando hacia adelante.

- Mantenga el movimiento controlado mientras vuelve a bajar hacia la posición de sentadilla y luego suba su tronco para elevar y extender la pierna opuesta. Su objetivo deben ser 10-14 repeticiones, alternando piernas.

CONSEJO

▶ El cuerpo debe permanecer elevado desde las caderas, luchando contra la fuerza de gravedad. La pierna de apoyo empuja hacia el suelo y la pierna de trabajo se extiende lateralmente. ¡Trabaje realmente los abductores! Cuanto más erguido pueda mantener el cuerpo y más elevado el abdomen, más amplia será su gama de movimiento, permitiéndole extender bien la pierna hacia el lado, y mayor será también el trabajo de los músculos abductores.

FLEXIÓN Y ABDUCCIÓN ALTA DE LA CADERA

- Sitúese de pie y apoye las manos en el respaldo de una silla. Cargue su peso sobre una pierna y eleve hacia adelante la otra rodilla.

- Utilizando la rodilla elevada, describa un cuarto de círculo hacia fuera desde el centro del cuerpo. Cuando lleve la rodilla hacia el lado, procure no dejar caer la pierna y tampoco deje que las caderas varíen de posición.

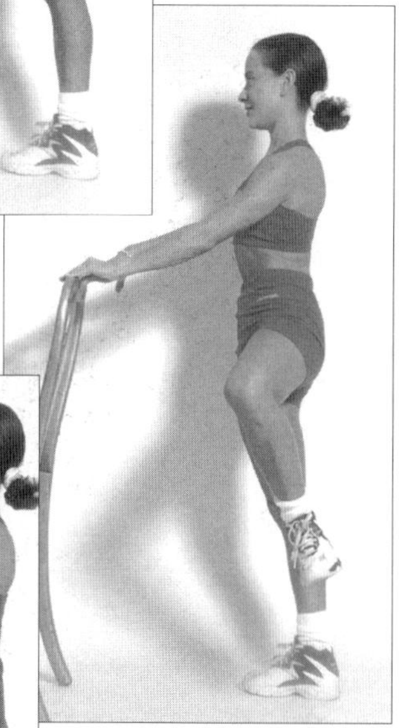

- Lleve la rodilla de nuevo hacia delante y repita. Mantenga los glúteos firmemente apretados todo el tiempo. Si conserva baja la pelvis y eleva el abdomen, asegurará la posición correcta de sus caderas.

- Realice 8-16 repeticiones, y luego repita con la otra pierna.

CONSEJO

▶ Piense en llevar la pierna elevada lejos del centro de su cuerpo, mientras mantiene quieto el resto del mismo. Es un movimiento muy tranquilo. Aunque la rodilla se mueve hacia el lado, el movimiento proviene de la cadera y de los glúteos apretados.

Conducir el movimiento con el pie en vez de hacerlo con la rodilla coloca a la espalda en posición comprometida y hace ineficaz el ejercicio.

TRABAJO DE ADUCTORES

Ahora, en esta posición relativamente cómoda, vamos a trabajar los aductores, o músculos del muslo interno, y los glúteos. Consiga una pelota —de playa o de fútbol— para utilizarla en este ejercicio.

- Siéntese en el suelo con las rodillas flexionadas y los pies planos en el suelo. Coloque la pelota entre las rodillas, luego baje su tronco hacia tierra, utilizando las manos para apoyarse, y mantenga elevado el abdomen. Una vez en tierra, puede relajar el tronco hacia el suelo. Apriete la pelota, presionándola contra sus aductores, y procure mantener esta contracción durante todo el ejercicio.

- Una vez que tenga bien sujeta la pelota, apriete sus glúteos y empiece a elevar la pelvis hacia el techo, balanceando desde la base de la columna vertebral. Mantenga sus glúteos apretados y comprimidos sus aductores mientras eleva la pelvis contando lentamente 1… 2… 3… 4.

- Afloje la elevación pélvica sólo un poco, pero mantenga comprimidos sus aductores —en otras palabras, no deje que se le escape la pelota—. Apriete de nuevo sus glúteos y lleve la pelvis hacia abajo contando lentamente hasta 4.

- Su objetivo debe ser completar 4 repeticiones de esta secuencia, manteniendo la contracción de sus aductores todo el rato.

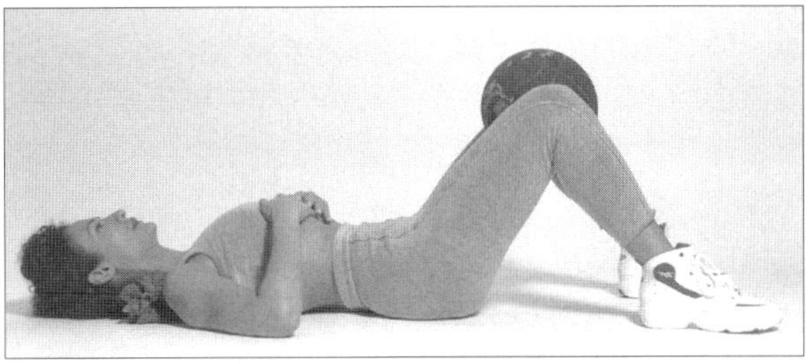

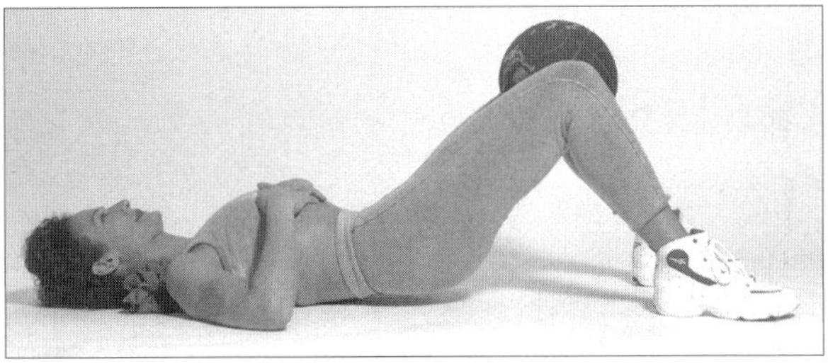

CONSEJO

▶ Observe que mis manos descansan sobre mi caja torácica, con el fin de no presionarlas contra el suelo para ayudar en la inclinación pélvica. En lugar de ello, estoy inclinando la pelvis comprimiendo los glúteos y elevando el abdomen. La mayor parte de la espalda debe permanecer en el suelo.

¡Sí, lo ha conseguido! Ha completado su primer ejercicio y está en el camino para obtener unas piernas fuertes y bonitas. Ahora sus músculos están bien y calientes, y es un buen momento para aumentar su flexibilidad. Por tanto, pase a la página 89 para realizar una serie de estiramientos adecuados como ejercicios de enfriamiento.

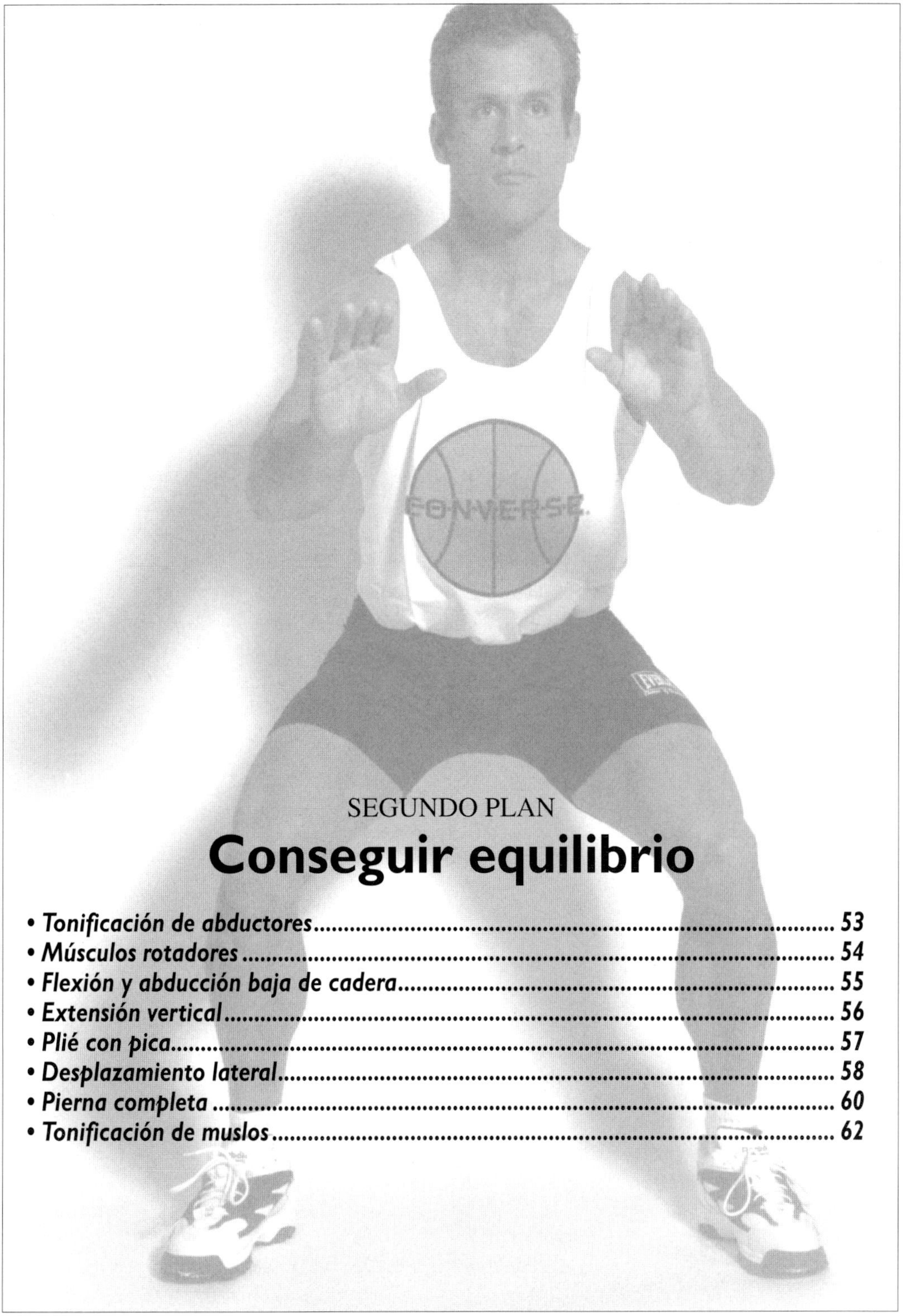

SEGUNDO PLAN

Conseguir equilibrio

¿Ya ha calentado física y mentalmente? Recuerde siempre efectuar los sencillos movimientos de calentamiento de las páginas 30-40 antes de empezar sus ejercicios de tonificación.

Usted ha completado el primer plan, por lo cual su fuerza debe estar mejorando. Concéntrese en aquellos aspectos de su entrenamiento que constituyen una realidad para usted. ¿Encuentra más fácil mantener una posición con pierna flexionada? ¿Puede sentir la ganancia de fuerza en el abdomen así como en las piernas?

En este plan ponemos más alto el listón. Ahora que se ha familiarizado con los puntos básicos, es el momento de probar su sentido del equilibrio y utilizarlo en su provecho para mejorar su postura y técnica en los ejercicios.

También empezamos a introducir algunos movimientos de desplazamiento o arrastre para añadir otra dimensión a su programa, de modo que pueda comenzar realmente a completar cada ejercicio de manera dinámica. En esta fase todavía no tratamos de desarrollar velocidad —eso llegará más tarde, junto con sus ganancias de fuerza—. Simplemente estamos sentando una buena base. Lo que tratamos de conseguir es movernos dinámicamente en los ejercicios extendiendo y contrayendo los músculos al unísono. Las secuencias de los movimientos son un poco más largas, y esto incrementará el nivel de intensidad y proporcionará a sus músculos un estímulo que los asemeja más estrechamente a los movimientos naturales y cotidianos.

Al ejecutar cada ejercicio recuerde que cuanto más se concentre en la posición correcta, más eficaz será cada repetición y habrá avanzado otro paso en la forma que desea obtener y sentir. Por tanto, insista en este punto.

¡Adelante, empecemos!

TONIFICACIÓN DE ABDUCTORES

¡Adivine lo que vamos a cincelar con este ejercicio!

● Recuéstese sobre el costado con las rodillas ligeramente flexionadas y un brazo doblado cómodamente debajo de su cabeza. El otro brazo está delante del cuerpo, con la palma plana sobre el suelo para facilitar el equilibrio. Eleve la pierna superior tan alto como pueda, manteniendo la pierna ligeramente flexionada y asegurándose de que la rodilla permanezca mirando adelante. Evite apuntar la rodilla hacia arriba mientras eleva la pierna, ya que esto trasladaría el trabajo fuera de los músculos abductores y le desequilibraría.

CONSEJOS

▶ Cuando eleve la pierna o la gire hacia fuera, tan sólo con que se apoye un poco en la mano delantera que está en el suelo ayudará a impedir que se incline hacia atrás.

▶ Si inclina la pelvis debajo suyo cuando gira la pierna hacia fuera, ayudará a mantener las caderas en su lugar, y también trabajará los glúteos y los rotadores (un pequeño grupo de músculos situado exactamente debajo de los glúteos).

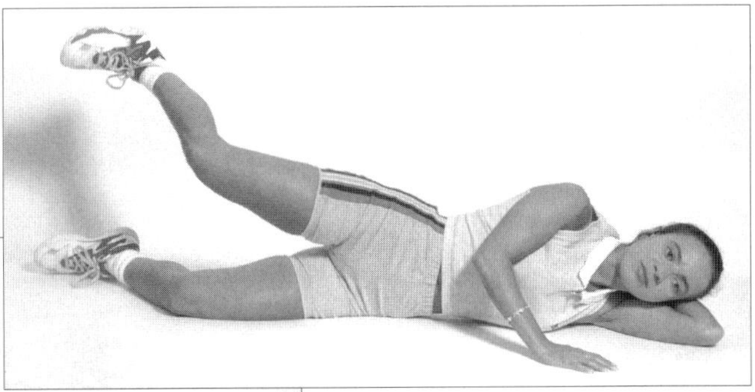

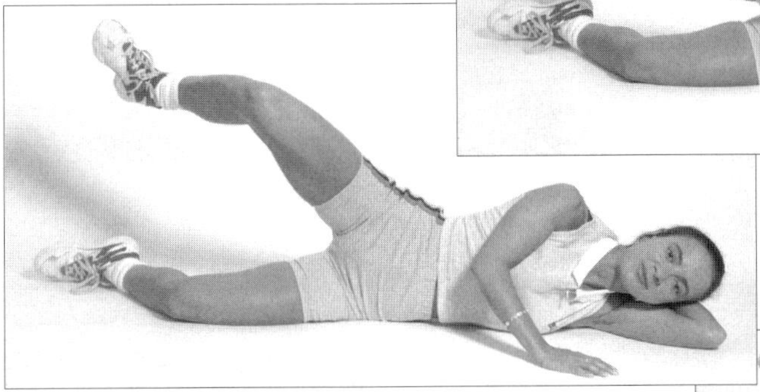

¡Uf! Observe el abdomen y la espalda. Deben permanecer elevados, pues de lo contrario la espalda quedará comprimida.

● Una vez haya elevado la pierna al máximo, mientras mantiene las caderas en su lugar y no permite que la cadera alta gire hacia atrás, rote la pierna hacia fuera (abducción). Cuando la pierna alcance su apertura máxima, llévela de nuevo a mirar hacia adelante, y luego bájela al suelo. Pase a su próxima repetición. Esta secuencia continúa hasta 8-16 repeticiones.

● Asegúrese de que completa el mismo número de repeticiones por el otro lado.

MÚSCULOS ROTADORES

Este ejercicio trabaja los rotadores, un pequeño grupo de músculos situado debajo de los músculos glúteos. Los rotadores trabajan en tándem con los músculos glúteos.

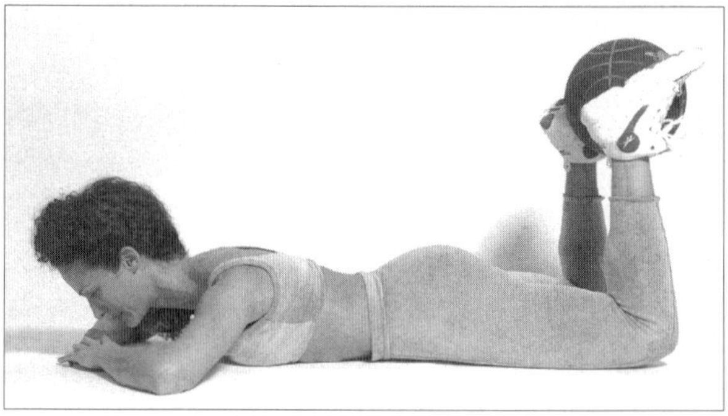

- Agarre una pelota y colóquela entre sus pies. Tiéndase boca abajo en el suelo y descanse la cara sobre sus manos. Apretando el balón firmemente con los pies, eleve los talones y flexione las rodillas. Gire un poco las rodillas hacia el lado, manteniéndolas en el suelo, y comprima los tobillos y los pies juntos. Aguante hasta una cuenta de 4.

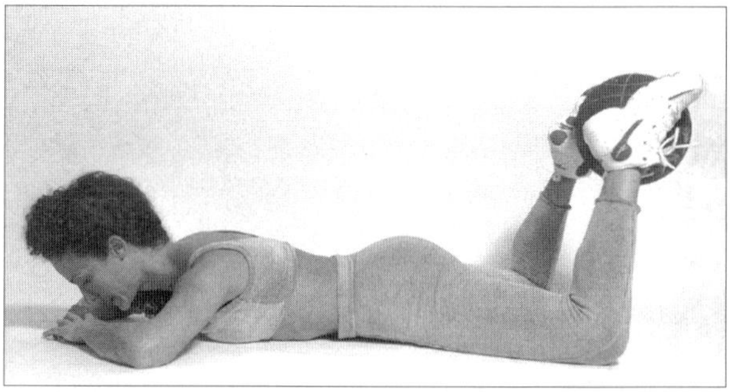

- Abra las rodillas un poco más y comprima el balón una vez más con los pies y los tobillos, aguantando hasta otra cuenta de 4. Si puede girar las rodillas hacia fuera un poco más sin que se le caiga el balón, siga con otra cuenta de 4.

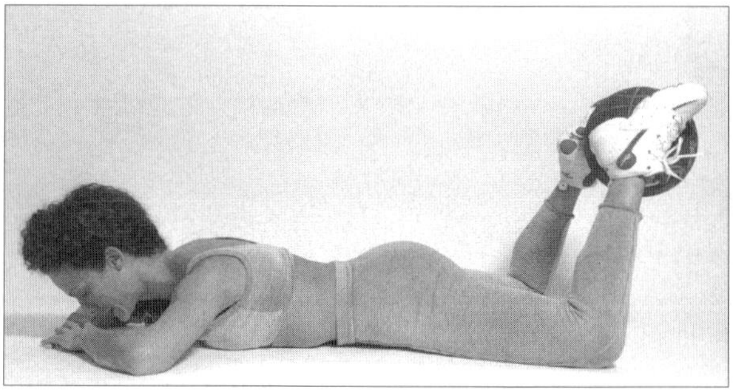

- Haga una pausa si lo necesita. Pero intente mantener las piernas durante una cuenta de 4 en tres ángulos diferentes de giro al menos.
- Procure completar dos rondas enteras, aguantando cada vez hasta la cuenta de 4 en las tres posiciones.

CONSEJOS

▶ Obtendrá el máximo de este ejercicio si mantiene continuamente el abdomen hacia dentro y hacia arriba, fuera del suelo, para ayudarle a conservar baja la espalda.

▶ Procure no desanimarse si se le resbala el balón. A medida que aumente su fuerza y su control, le será mucho más fácil sostenerlo en su lugar y sentirá una auténtica satisfacción al conseguirlo.

FLEXIÓN Y ABDUCCIÓN BAJA DE CADERA

Es similar al giro alto de cadera del Primer Plan, pero aquí la pierna está en posición más baja. Utilice un palo de escoba o un bastón en este ejercicio para tener un soporte adicional. Recuerde, sin embargo, que la elevación de su abdomen va a ser su principal fuente de soporte.

● Sitúese con los pies separados y sujete cómodamente el palo de escoba o la pica enfrente suyo, alineado con el centro de su cuerpo. Cargue su peso sobre una pierna, y eleve la otra rodilla hacia adelante.

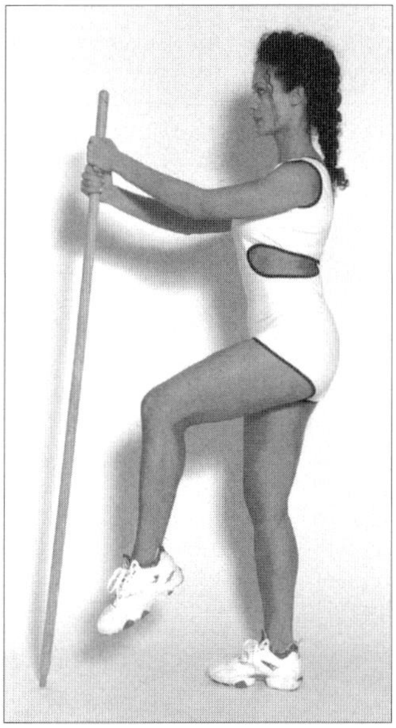

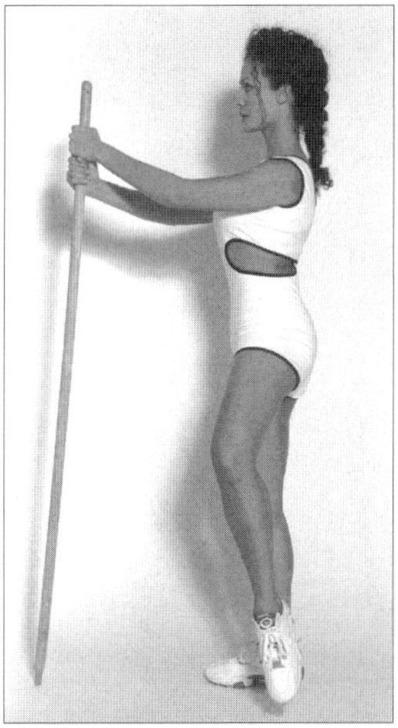

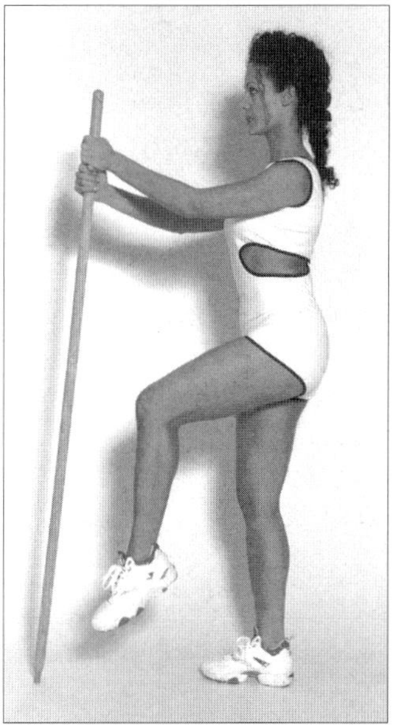

● Ahora, con la rodilla elevada, describa un cuarto de círculo hacia fuera del centro de su cuerpo y coloque el pie elevado al lado del tobillo de la pierna de soporte. La cintura y los glúteos permanecen quietos mientras la rodilla se aparta todo lo posible del cuerpo, y los glúteos están apretados firmemente debajo suyo. Mantenga esta posición hasta que las caderas se sientan rectas y la pierna elevada se gira hacia fuera todo lo posible.

● Manteniendo los glúteos firmemente apretados, invierta el movimiento para volver a la posición de partida, de modo que la rodilla esté de nuevo elevada hacia adelante.

● Repita tantas veces como pueda hacerlo adecuadamente, llegando hasta 16-20 repeticiones de forma correcta, luego repita por el otro lado.

CONSEJOS

▶ Procure mantener los hombros hacia atrás y hacia abajo, utilizando la elevación de su abdomen para lograr una posición erguida.

▶ Intente realmente evitar mover las caderas en este ejercicio. Manténgalas mirando recto hacia adelante.

▶ Recuerde que su palo de escoba es sólo una ayuda, por tanto mantenga su peso hacia arriba y lejos del palo en vez de apoyar todo su peso sobre él.

EXTENSIÓN VERTICAL

Es un buen ejercicio para los glúteos y los músculos de la parte posterior de los muslos.

● Sitúese de pie con el palo de escoba o una pica enfrente suyo a una distancia cómoda para que sus hombros estén bajos y no tirantes para sostener el palo en su lugar.

● Ahora eleve el talón hacia los glúteos, asegurándose de que no lleva la rodilla hacia adelante y de que la pelvis permanece vertical como en la posición de partida. Lleve el pie hacia atrás para tocar el suelo, con la pelvis aún vertical, y estará a punto para su siguiente repetición. Realice 8-16 repeticiones antes de pasar a la otra pierna.

● Extienda una pierna hacia atrás, rozando el suelo con el pie de modo que la pierna quede recta detrás suyo. Asegúrese de que el movimiento procede de la cadera (parte superior del muslo), manteniéndolo lejos de la zona baja de la espalda, y no tire la pierna demasiado lejos. En la posición correcta notará una fuerte contracción en los glúteos. Ésta es su posición inicial. Si continúa tirando la pierna hacia atrás, llegará un punto en que la pelvis se moverá a una posición arqueada y usted lo sentirá en su zona baja de la espalda. Si sucede esto, ha llevado la pierna demasiado atrás.

CONSEJOS

▶ Para obtener el máximo de este ejercicio, no debe dejar arquear la espalda. Si siente que se afloja la contracción de sus glúteos, es que está arqueando la espalda. Mantener el abdomen elevado le ayudará a sostener la posición correcta.

▶ Si es necesario, empiece desde el principio para restaurar la posición correcta de la punta del pie en el suelo para la siguiente repetición.

PLIÉ CON PICA

Aquí trabajaremos los músculos aductores, los abductores, los de la corva y los glúteos. El truco está en no hundirse cuando baje el cuerpo en el plié, sino en permanecer erguido todo el rato. Utilice un palo de escoba o una pica como soporte adicional.

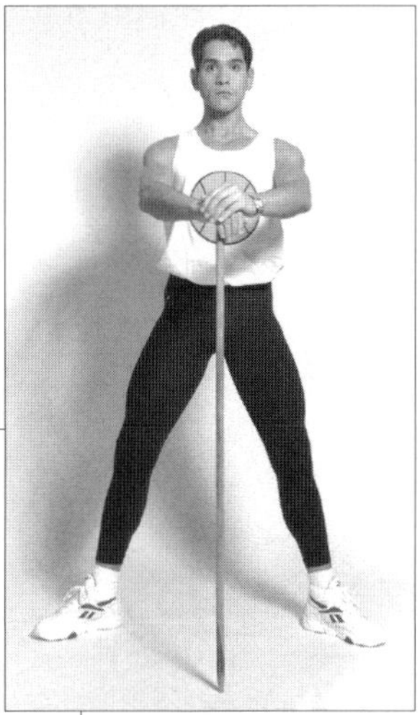

- Sitúese derecho con los pies separados según la anchura de los hombros y sujete el palo o una pica a una distancia cómoda del cuerpo de modo que los brazos queden estirados. Fíjese en que el palo esté centrado delante de su cuerpo. Gire las piernas hacia fuera, primero desde las caderas, siguiendo luego con las rodillas, los tobillos y los pies.
- Flexione las rodillas, presionándolas hacia los lados de la sala, y baje hacia su plié, asegurándose de que permanece erguido desde la cintura. Sus nalgas deben permanecer debajo de sus caderas durante todo el movimiento. Presione las rodillas hacia los lados todo lo que pueda, manteniendo los talones en el suelo y asegurándose de que las rodillas no flexionan más de 90 grados. Si flexionasen más de esto, se sobrecargaría el trabajo sobre las rodillas y las caderas, así pues mantenga presionadas sus rodillas hacia los lados y hacia atrás.
- Vuelva a la posición de partida y repita. Intente completar 10-16 repeticiones.

Nota: A diferencia de una sentadilla, las caderas no se mueven hacia atrás, sino que permanecen rectas debajo suyo, y cuando flexiona las rodillas las piernas presionan abiertas y afuera hacia los lados de la sala. Una vez en el plié, puede saber si su giro es correcto mirando por encima de sus rodillas —si puede ver la punta de sus pies orientadas hacia fuera en la misma dirección que las rodillas, está en la posición correcta.

CONSEJO

▶ Recuerde utilizar suavemente la pica. Procure no colgarse sobre ella ni utilizarla para elevarse. La elevación proviene de su abdomen, no de la pica.

DESPLAZAMIENTO LATERAL

Aquí trabajaremos los músculos aductores y los abductores de manera realmente dinámica.

● Sitúese derecho con los pies separados a la altura de las caderas y las manos sobre éstas. Flexionar las rodillas y cargar el peso sobre el lado izquierdo. Cuando se flexionan las rodillas, extender la pierna derecha hacia el lado, elevando los brazos hacia el frente para equilibrarse. Luego se separa más la pierna derecha extendida bajando el cuerpo hacia una posición ancha de sentadilla, de modo que el peso esté ahora sobre ambas piernas. Cargar el peso sobre el lado derecho y moverse en la misma dirección llevando la pierna izquierda para encontrar a la derecha, de modo que los pies queden juntos y el cuerpo esté derecho otra vez.

● Ahora empiece a cargar su peso sobre su lado izquierdo otra vez mientras extiende la pierna derecha para mantenerla desplazándose en la misma dirección. El movimiento es paso al lado con las piernas separadas, rodillas flexionadas, la pierna de arrastre va hacia dentro y el cuerpo sube. Consiga un ritmo —paso lateral, sentadilla, arrastre de pierna hacia dentro, paso lateral, sentadilla, arrastre de pierna hacia dentro—. Su cuerpo baja, sube, baja, sube. Asegúrese de flexionar realmente bien las rodillas.

CONSEJO

▶ La amplitud de su paso lateral determinará la profundidad de la flexión de las rodillas. Cada uno tenemos nuestro propio ritmo, que afecta a la amplitud del paso y al grado de flexión de las rodillas. Procure alterar deliberadamente su ritmo dando un paso más amplio o más estrecho del que daría normalmente.

● Muévase en la misma dirección durante 8-16 repeticiones, dependiendo del espacio que tenga para desplazarse, y luego repita hacia el otro lado.

PIERNA COMPLETA

Éste es uno de mis favoritos, porque trabaja todos los músculos de la pierna, especialmente los glúteos. Para este ejercicio necesitará una caja o un escalón, o también puede utilizar el primer peldaño de las escaleras de su casa. Asegúrese de que la caja sea estable y capaz de soportar el peso de su cuerpo. Debe tener una altura tal que su rodilla no flexione más de 90 grados cuando usted suba.

- Colóquese delante de la caja y ponga su pie derecho sobre el centro de ella.

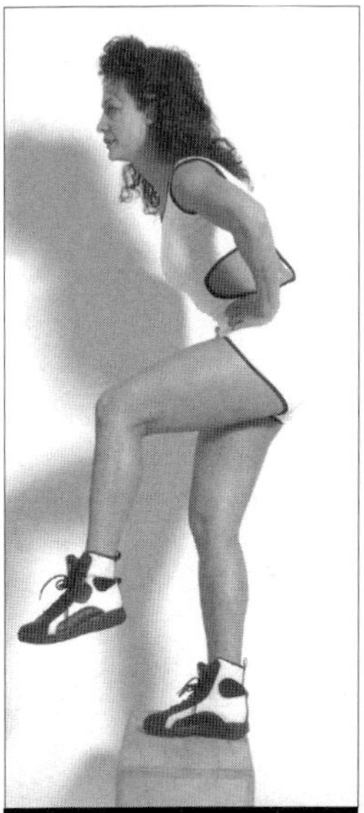

Si deja que su cuerpo caiga hacia adelante, tal como se ve aquí, perderá el equilibrio.

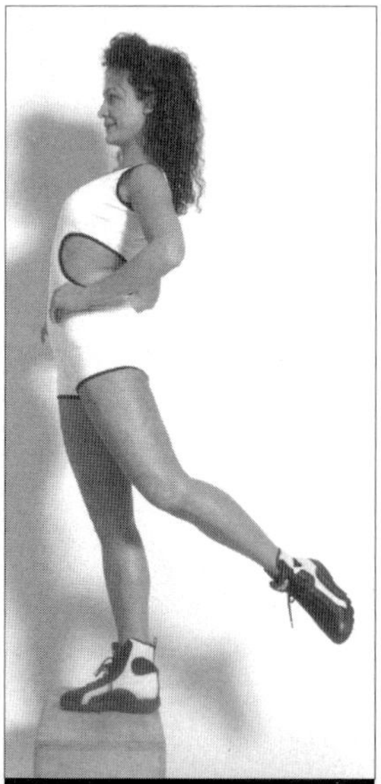

Aquí está aflojado el abdomen y la pierna se extiende hacia atrás de modo forzado, lo cual puede perjudicar su espalda.

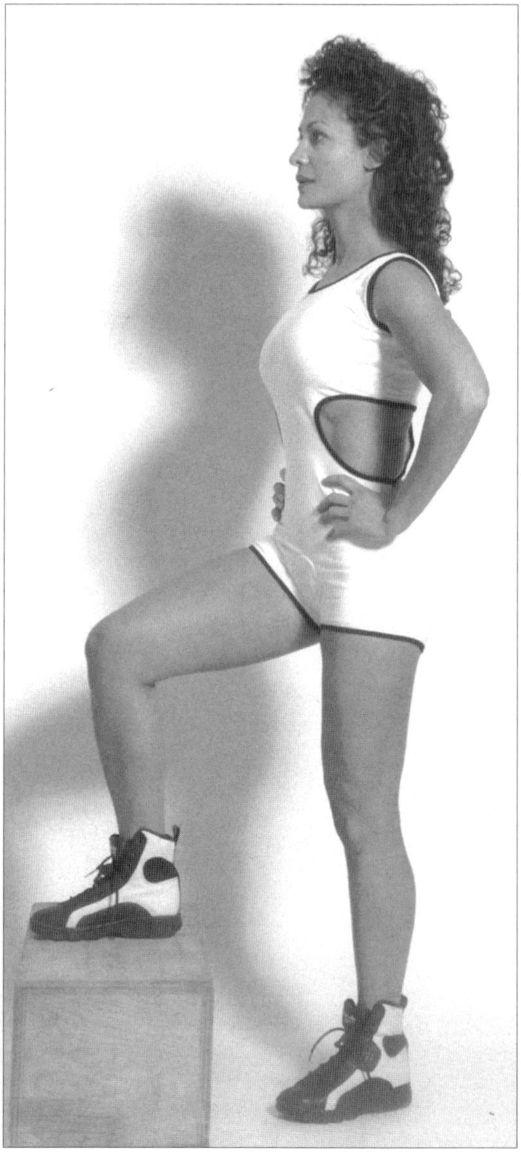

● Eleve su abdomen y suba la pierna izquierda hacia adelante con una elevación de rodilla, asegurándose de que su tronco se mueve erguido. Comprima firmemente los glúteos, extienda la pierna elevada hacia atrás de modo controlado, y trate realmente de extenderla. Imagine que está alejando un objeto con su pie. Mantenga las caderas rectas todo el rato, y asegúrese de que el movimiento sea consecuencia de apretar sus glúteos, en vez de dejar que se hunda el abdomen y que se arquee la espalda.

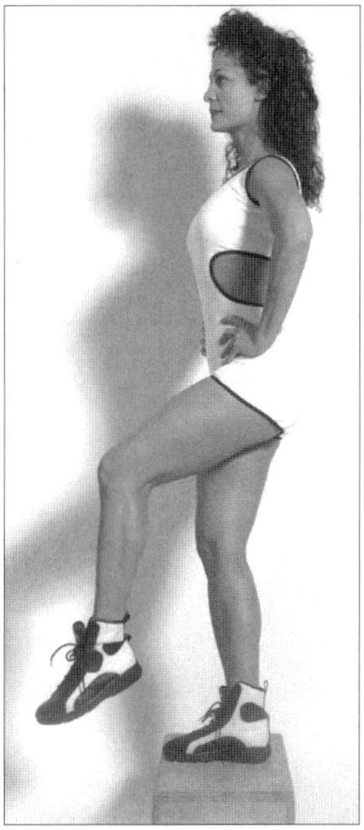

● Dé un paso atrás y abajo hacia el suelo con la pierna izquierda elevada, fijándose bien en flexionar la rodilla al dar el paso hacia abajo. Su pie derecho permanece sobre la caja, con el fin de estar a punto para iniciar la repetición siguiente con la misma pierna.

● Complete 8-16 repeticiones con una pierna, luego repita con la otra. Por supuesto, si quiere hacer más repeticiones, ¡fantástico!, siempre que recuerde mantener un tronco alto y erguido.

CONSEJOS

▶ Al extender la pierna hacia atrás, asegúrese de que su abdomen esté elevado para ayudar a mantener la pelvis en su lugar. Concéntrese realmente en lograr que este movimiento se origine desde la parte delantera de la cadera (parte superior del muslo).

▶ Dirija la mirada hacia arriba y no hacia abajo. Deje que esta concentración hacia arriba se refleje en su cuerpo. Debe mantener el tronco alto y erguido, y cuando dé el paso atrás con el pie, para volver a ponerlo en el suelo, hágalo suavemente.

TONIFICACIÓN DE MUSLOS

Este ejercicio tiene realmente por objetivo a los glúteos, pero la flexión de la rodilla proporciona también el beneficio añadido de trabajar los músculos isquiotibiales. Necesitará utilizar alguna forma de soporte, tal como una cómoda o una silla donde pueda agarrarse a la altura del pecho.

- Coloque las manos sobre la cómoda o la silla, y sitúese de tal modo que su cuerpo esté inclinado hacia adelante con la espalda baja plana. Flexione ligeramente las rodillas y mueva una pierna hacia atrás, manteniendo la rodilla flexionada y el dedo gordo del pie tocando el suelo. Ésta es su posición de partida.
- Manteniendo el cuerpo inclinado hacia adelante y sin arquear la espalda, extienda la pierna hacia atrás. Concéntrese en estirar la pierna hasta su total extensión. Eventualmente, la pierna se elevará del suelo. Elevar el abdomen le permitirá abrir completamente la pierna en la cadera, dejando que realmente apriete los glúteos.

- Afloje y vuelva a la posición inicial. En el momento en que el dedo gordo de su pie toque el suelo pase a la repetición siguiente. Haga 8-16 repeticiones, luego repita con la otra pierna.

CONSEJOS

▶ Al mantener flexionado el cuerpo hacia adelante y la zona baja de la espalda plana durante todas sus repeticiones, coloca la pierna activa en una posición ventajosa para trabajar contra la gravedad.

▶ El énfasis de este movimiento está en extender la pierna de modo que pase la máxima cantidad de tiempo trabajando contra la ley de la gravedad. Cuando vuelva a la posición inicial, anticipe su movimiento para la siguiente repetición tan pronto como el dedo gordo del pie toque el suelo.

Otro ejercicio finalizado y sus piernas se van fortaleciendo y adquiriendo forma más esbelta. No olvide pasar a la página 89 para realizar sus suaves estiramientos de enfriamiento.

TERCER PLAN

Tácticas variables

Así pues, ya ha llegado al Tercer Plan. ¡Magnífico! ¿Ya ha calentado y está a punto para trabajar esos músculos de las piernas? Si todavía siente un poco rígidas algunas de sus articulaciones, repita los movimientos de calentamiento para esas zonas particulares.

Ha superado el Primer y el Segundo Plan y, ahora, debe tener confianza y capacidad para utilizar su abdomen (abdominales) como apoyo, permitiéndole concentrarse realmente en la acción muscular específica de cada ejercicio y aumentar la intensidad y la eficacia de su trabajo. Alinear los hombros, las caderas, las rodillas y los tobillos está llegando a ser como una segunda naturaleza, y debe trasladar esta habilidad adquirida a su postura diaria habitual.

En este plan encontrará algunas variaciones interesantes sobre ejercicios tradicionales realizados en posición horizontal tendido, así como algunas secuencias más largas de ejercicios de pie sin soporte, para ayudarle a perfeccionar su sentido del equilibrio. Ejercicios tales como la Fondo adelante y la Elevación lateral de pierna, una vez dominados, fortalecerán y darán realmente más firmeza a los glúteos, a los cuádriceps y los músculos de la corva, y a los aductores y abductores. Con excepción de la Fondo con tres apoyos y de la Fondo hacia atrás, ya no utilizará apoyo externo en su trabajo de pie en el suelo. Esto implica un desafío extra, pues tendrá que utilizar su sentido mejorado del equilibrio para apoyar su peso en un lado del cuerpo mientras mantiene la alineación correcta. Sin embargo, los dos ejercicios últimamente citados son series de movimientos más complejos, por lo cual todavía necesita algún soporte adicional.

También haremos algunos ejercicios más específicos de rotación y, para completarlo, he añadido un ejercicio de Trabajo total de glúteos, que incorpora el uso de una cinta de resistencia. Recuerde que si no tiene una cinta de este tipo, puede realizarlo también sin ella —siga las instrucciones de posición y ejecute los mismos movimientos sin utilizarla.

Ahora tiene la habilidad del equilibrio necesario que ha adquirido en el Segundo Plan y desea reforzar su control sobre el mismo. *Puede* hacerlo. Sé que puede. Pasemos, por tanto, a las series de ejercicios más exigentes que he planificado aquí para usted. ¡Está en el buen camino!

ELEVACIÓN LATERAL DE PIERNA

En este ejercicio nuestro objetivo van a ser los músculos externos del muslo, o abductores, además de entrenar nuestro sentido del equilibrio.

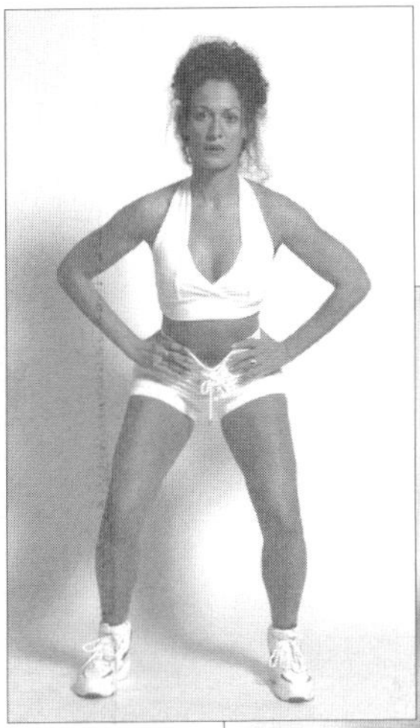

- Empiece en la posición de sentadilla, sentándose hacia atrás con su peso cargado sobre los talones de modo que las rodillas permanezcan directamente sobre los tobillos. Asegúrese de que se sienta hacia atrás con las caderas flexionadas para que sus glúteos estén extendidos y apretados.

- Apriete los glúteos y utilice el abdomen para elevar recto el cuerpo mientras extiende una pierna hacia el lado. La pierna despegará por último del suelo, pero debe centrarse más en extenderla que en elevarla, pues usted pretende mantener niveladas las caderas. Resista la tentación de permitir que un lado de la cadera se eleve demasiado cuando mueva lateralmente la pierna.

- Vuelva a la posición de sentadilla y eleve su cuerpo para extender la otra pierna hacia su lado.
- Fíjese el objetivo de 10-18 repeticiones alternando las piernas.

CONSEJO

► Cuanto más recto eleve su cuerpo, en vez de dejar que se incline a un lado, más aislará los músculos abductores. Esto proporciona el beneficio añadido de entrenar a su abdomen para sostenerle erguido.

FONDO ADELANTE

En este ejercicio trabajamos todos los músculos de la pierna, con el valor añadido de que también es un buen ejercicio para desarrollar su sentido del equilibrio. Cuando baja en su fondo, el tronco permanece centrado directamente sobre ambas piernas.

- Colóquese de pie con las manos en las caderas y eleve el abdomen, sintiendo la energía que fluye de sus pies hacia arriba hasta la parte superior de la cabeza.

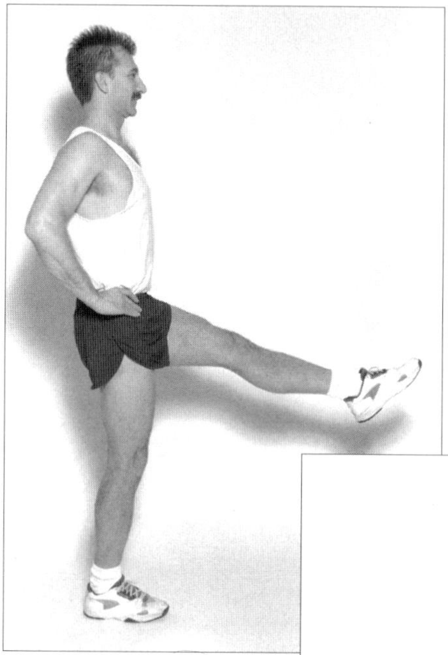

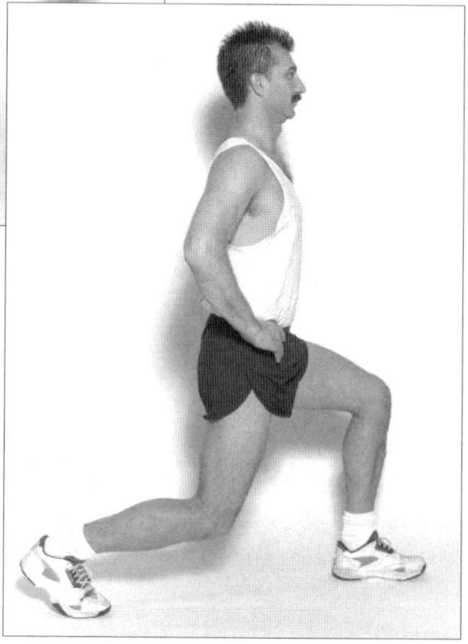

- Ahora eleve más el abdomen y extienda una pierna, estirándola realmente hacia adelante y hacia abajo hasta la posición de fondo, en la cual la rodilla delantera queda flexionada no más de 90 grados.

● Empuje hacia arriba con esa misma pierna para volver a la posición inicial, y luego prepárese para hacer el fondo hacia adelante con la otra pierna.

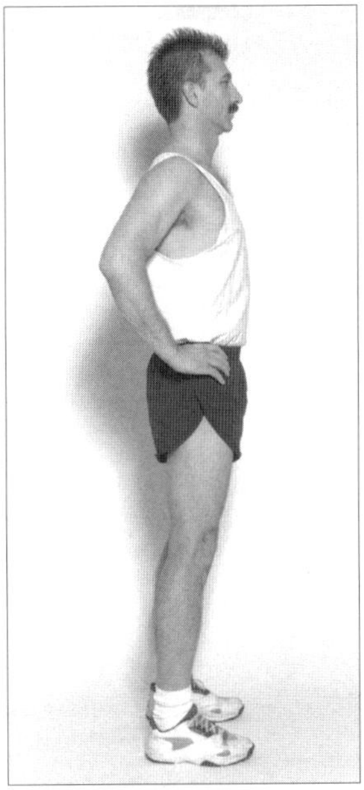

● Durante la primera semana, aproximadamente, que practique este ejercicio, alterne las piernas, completando 8-16 repeticiones. Una vez que adquiera práctica, trate de hacer 8-16 repeticiones seguidas con una pierna antes de repetir con la otra.

Aquí puede ver que el peso está cargado demasiado hacia adelante. Esto aumenta notablemente la presión en la parte delantera de la rodilla, ejerciendo la máxima tensión en los cuádriceps, quitando la concentración de los glúteos.

CONSEJOS

▶ Al moverse hacia adelante para la proyección o volver al centro, compruebe que mantiene el torso directamente sobre el punto central de equilibrio entre ambas piernas.

▶ Haga realmente un esfuerzo para evitar inclinar el tronco demasiado hacia adelante. Sobrecargar el peso sobre la rodilla de este modo originará incomodidad y, si aplica mucha presión, puede llegar a lesionarse.

FONDO HACIA ATRÁS

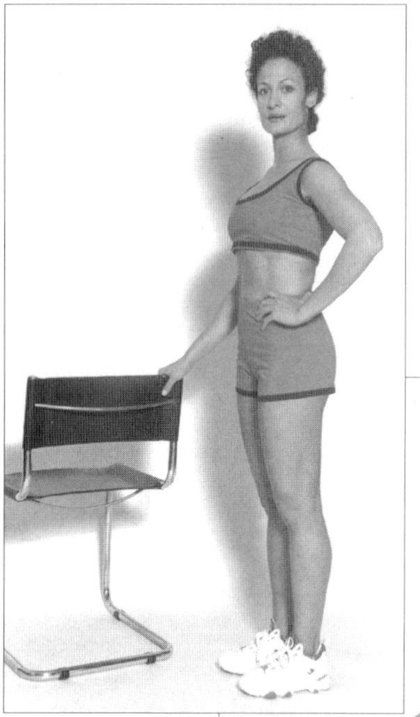

Aquí utilizamos todos los músculos clave de las piernas —los glúteos, los aductores, los abductores y los músculos isquiotibiales.

- En posición vertical, apoye la mano derecha sobre el respaldo de una silla como soporte. La mano izquierda sobre la cadera.

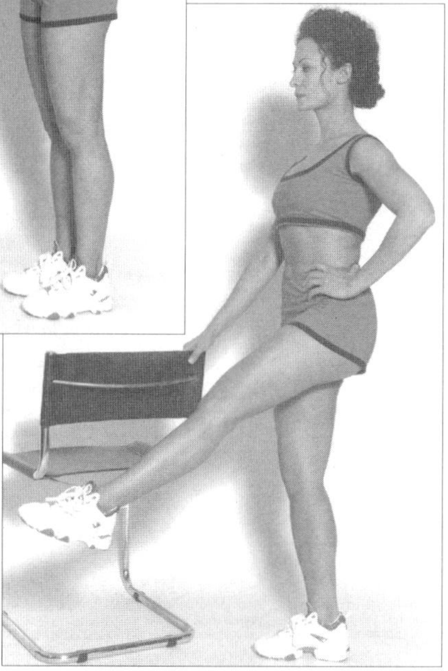

- Eleve el abdomen y extienda la pierna izquierda hacia adelante. Mantenga estirada la pierna y vaya a una posición completa de fondo, asegurándose de que la rodilla delantera no flexione más de 90 grados. Su tronco permanece erguido.

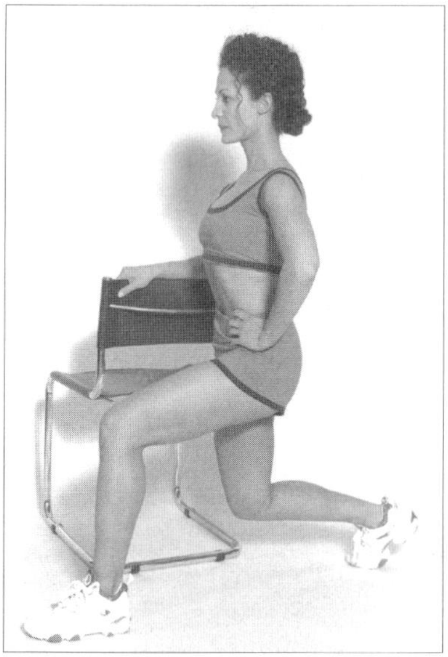

CONSEJOS

▶ Realmente estirar hacia arriba con el abdomen asegura que el cuerpo permanezca vertical y reduce también la posibilidad de producir una tensión indebida sobre la zona baja de la espalda.

▶ Mantenga el tronco uniformemente equilibrado entre ambas piernas para que su cuerpo no caiga hacia adelante cuando haga el fondo al frente, o que el peso de su cuerpo no se cargue hacia adelante cuando empuje hacia arriba desde el fondo posterior.

▶ Asegúrese de que la pierna realiza el movimiento completo al efectuar el fondo hacia atrás.

● Ahora contraiga los glúteos, eleve el cuerpo y lleve la pierna hacia atrás a través del centro. Extienda completamente la pierna hacia atrás y luego baje en proyección un fondo también hacia atrás.

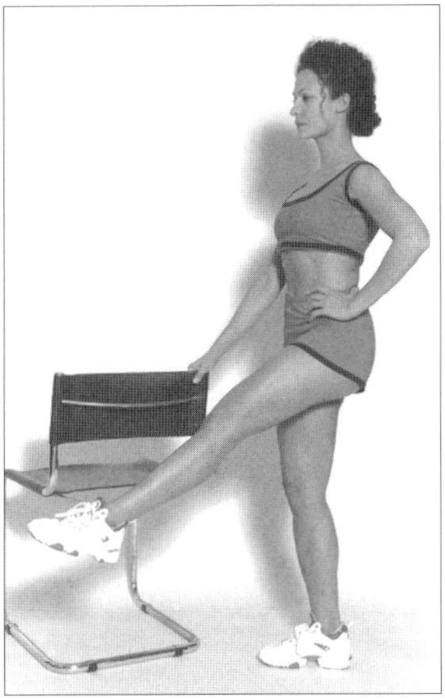

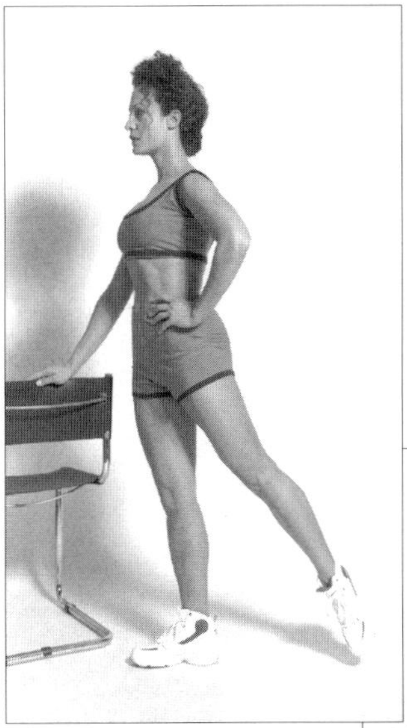

● Empuje hacia arriba con la pierna posterior y vuelva a través de la posición erguida para pasar directamente a su siguiente fondo hacia adelante. Continúe así y complete sus repeticiones por este lado antes de darse la vuelta y repetir con la otra pierna.

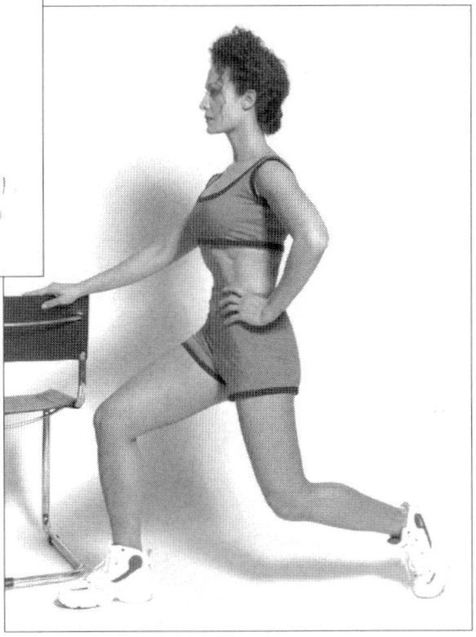

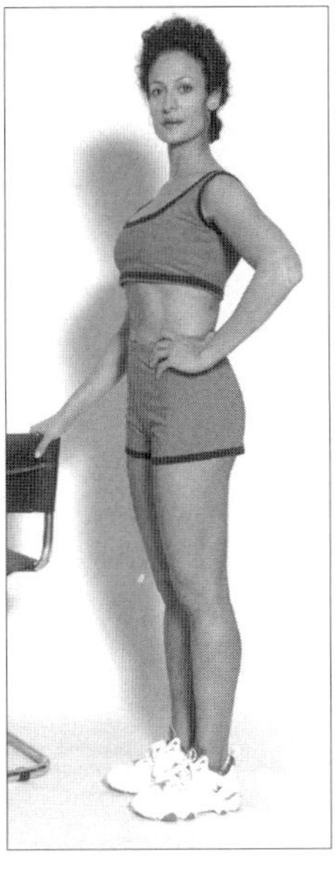

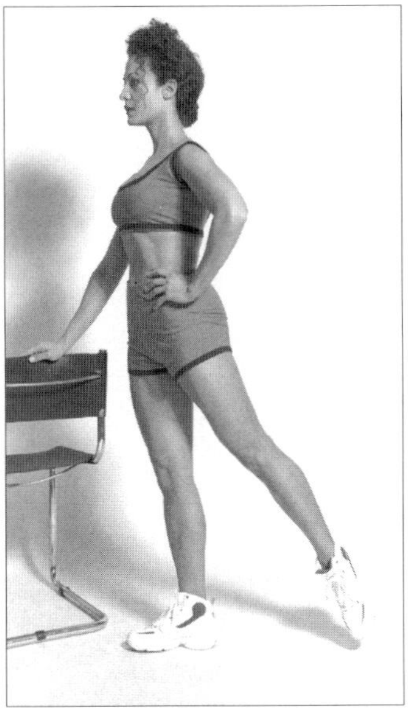

● Dado que utiliza la misma pierna durante cierto tiempo, quizá no pueda completar muchas repeticiones al principio, por tanto propóngase hacer 6-8 repeticiones. A medida que adquiera más fuerza, puede aumentar el número siempre que su cuerpo permanezca vertical durante todo el movimiento. Al cabo de seis semanas podrá llegar a 16 repeticiones claras y seguras.

FONDO CON TRES APOYOS

En este ejercicio conseguimos los máximos beneficios de todos los músculos de las piernas trabajando conjuntamente. Utilice un palo de escoba o una pica como soporte.

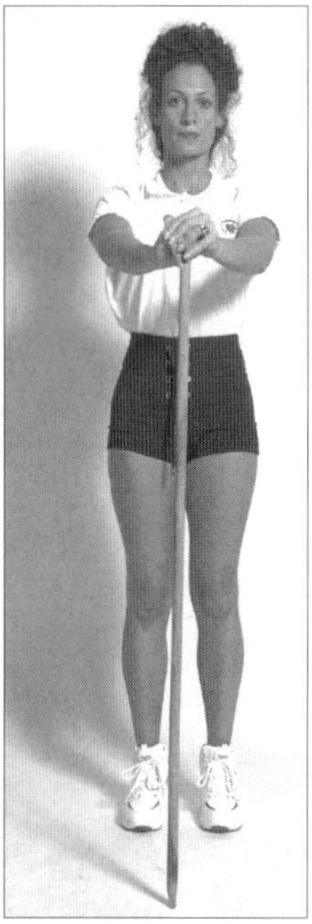

- Sitúese de pie con el palo delante suyo alineado con el centro de su cuerpo.

- Eleve el abdomen y extienda una pierna recta hacia adelante y baje el cuerpo en un fondo hacia adelante, manteniendo el movimiento controlado y el tronco erguido.

- Empújese hacia atrás y hacia arriba, con el cuerpo elevado recto, luego extienda la misma pierna hacia el lado y baje suavemente a una posición de sentadilla.

● Empuje la misma pierna lejos del suelo y extienda la pierna hacia atrás para descender con control hacia un fondo posterior.

● Elévese del suelo, con el cuerpo vertical y lleve la pierna al centro en la posición de partida.

● Repita toda la secuencia con la otra pierna, procurando completar 4 repeticiones de la secuencia entera por cada lado. Procure pasar recto a cada posición y evite colgarse del palo para hacerlo más fácil.

● Si realmente quiere hacerlo más difícil, pruebe esta secuencia una vez por cada lado sin el palo, de modo que haya de recurrir totalmente a sus piernas y a su abdomen como apoyo.

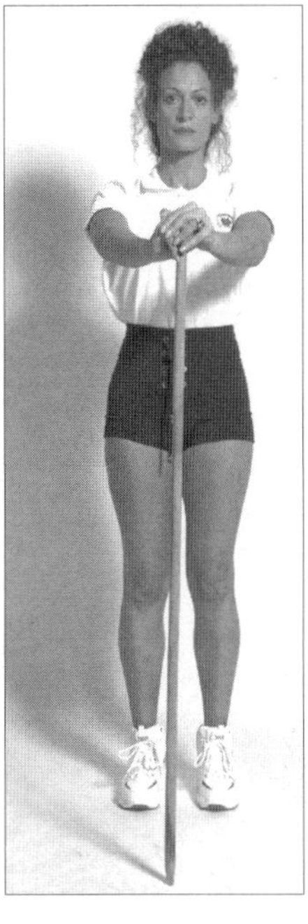

CONSEJO

▶ La mejor manera de desarrollar su sentido del control en este ejercicio es acentuar la parte de elevación de cada secuencia y dedicar menos tiempo a la fase de bajada, de modo que resista activamente la fuerza de la gravedad que le tira hacia abajo. No ha de permitir que cualquier parte de su cuerpo caiga sin una lucha real.

TIJERAS DE PIE

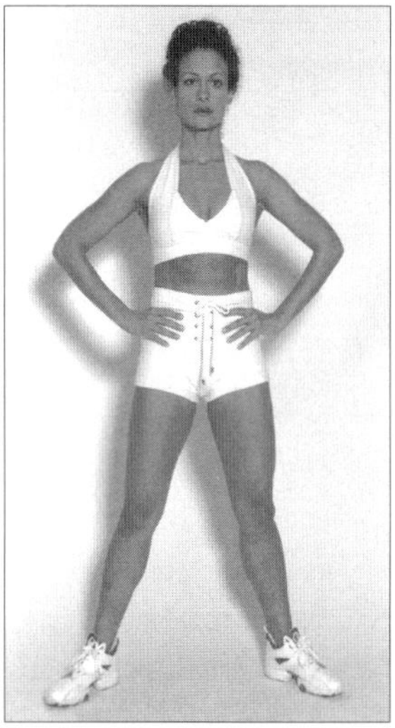

Este ejercicio esculpe los músculos aductores, o interiores del muslo. Cuando son bonitos y firmes, estos músculos pueden proporcionar una forma muy atractiva a todas las piernas.

- Sitúese de pie con las piernas separadas y rectas, sin cerrar las rodillas. Deje que las piernas se abran naturalmente un poco hacia fuera desde las caderas, luego siga con las rodillas y los tobillos, de modo que todos queden alineados.

- Ahora flexione las rodillas hasta una posición de plié, y luego utilice los músculos de las piernas y del abdomen para elevar su cuerpo vertical. A medida que eleve, cargue todo su peso sobre una pierna, y lleve la otra pierna ligeramente hacia delante de la pierna de apoyo, en un movimiento tipo tijeras contrayendo conjuntamente los músculos aductores.

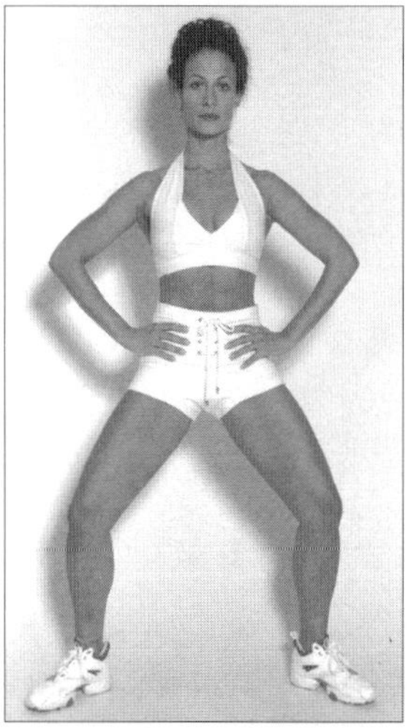

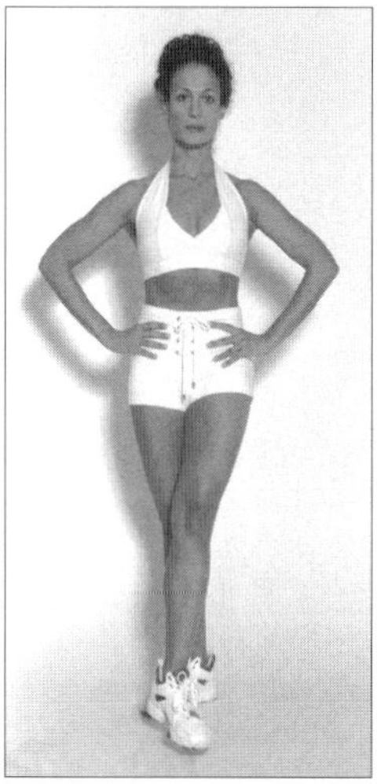

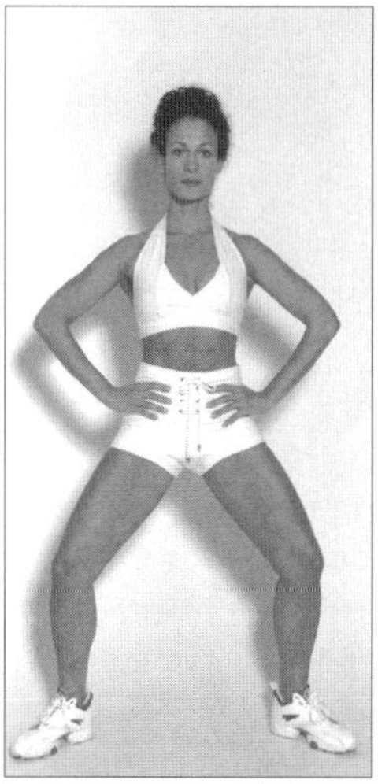

- Vuelva a flexionar las rodillas y repita al otro lado. Continúe con piernas alternadas —16 repeticiones alternando las piernas—. ¡Y usted creía que sólo las bailarinas podían tener aductores modelados!

Aquí me estoy inclinando a un lado en vez de adoptar una posición recta vertical. Esto no sólo hace que pierda mi equilibrio, sino también significa que soy incapaz de concentrarme en contraer los aductores.

CONSEJOS

▶ Asegúrese de que mantiene las caderas directamente debajo suyo, en vez de dejar que se muevan hacia atrás cuando flexiona las rodillas.

▶ Concéntrese realmente en comprimir los aductores conjuntamente para sacar el máximo provecho de este ejercicio.

TRABAJO DE GLÚTEOS

Para este ejercicio necesitará un escalón o algún tipo de caja como apoyo, de unos 30-40 cm de altura.

- Arrodíllese delante de la caja, con las rodillas debajo de las caderas y los antebrazos relajados encima de la caja. La espalda ha de estar extremadamente plana, desde la parte alta del cuello hasta el coxis. Eleve el pie izquierdo ligeramente por encima del suelo y junte los talones. La rodilla derecha permanece en el suelo para soportar su peso. La rodilla izquierda está sólo algo levantada del suelo y apuntando hacia abajo.

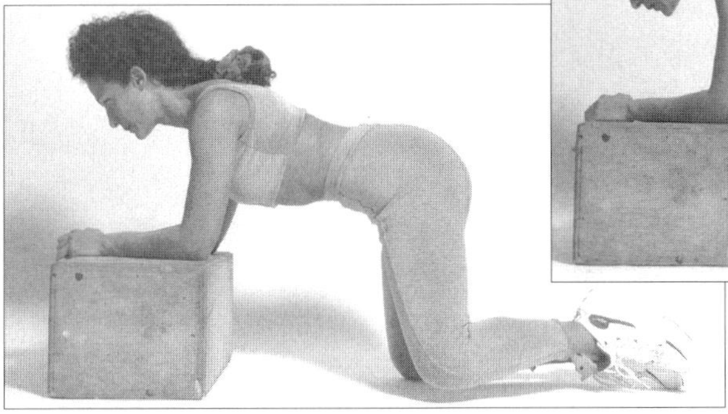

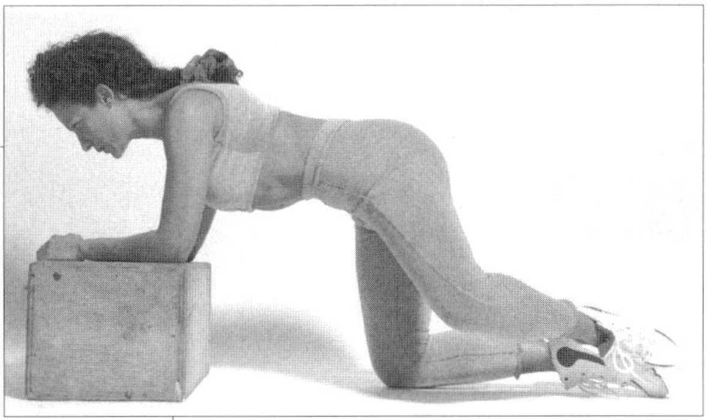

- Manteniendo la espalda plana y los talones juntos, presione la rodilla izquierda hacia fuera lejos del cuerpo, y luego vuelva a la posición inicial. Continúe con la siguiente repetición, manteniendo los hombros bajos y lejos de las orejas. Asegúrese de que sus talones permanezcan juntos para que aproveche al máximo la rotación hacia fuera, y mantenga controlado el movimiento.

- Trate de completar 8-16 repeticiones, y luego repita por el otro lado.

CONSEJOS

▶ Debe mantener la espalda plana durante todo el ejercicio. Mantener el abdomen elevado le ayudará a la buena posición de su espalda. Cuando gire la pierna hacia el lado, debe mantener muy quieta la zona baja de la espalda, y no permitir que se mueva con la pierna de trabajo.

▶ Si nota que se inclina hacia la pierna de soporte, coloque más peso sobre el antebrazo del mismo lado que la rodilla de trabajo. Esto le permitirá distribuir su peso más uniformemente sobre sus tres puntos de apoyo —ambos brazos y la rodilla de soporte.

TERCER PLAN

TRABAJO CONTRA LA GRAVEDAD

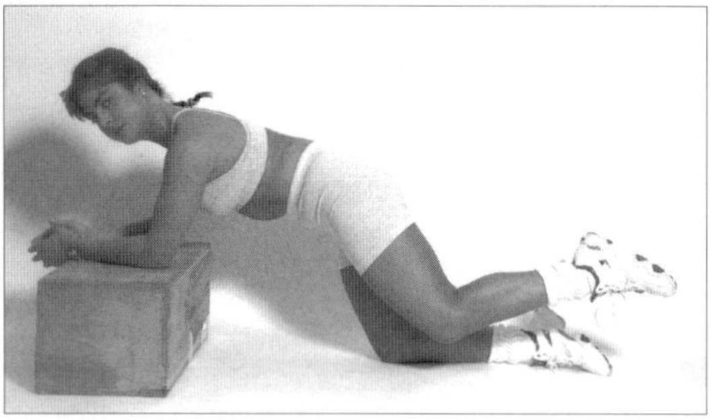

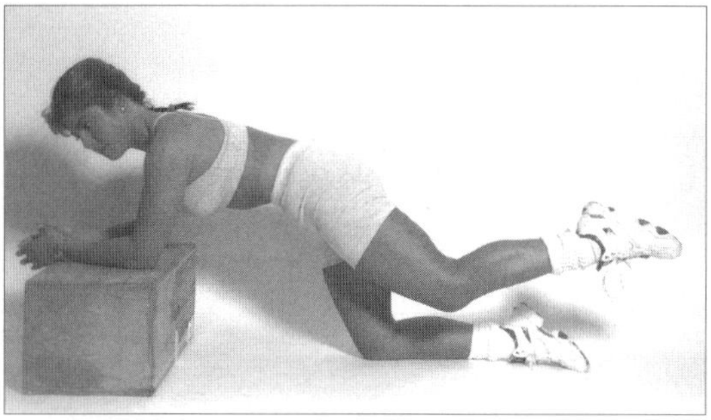

Siga fielmente las instrucciones de este ejercicio y realmente lo notará en sus glúteos.

- Todavía de rodillas delante de la caja, con los antebrazos apoyados en ella, mantenga una rodilla flexionada debajo suyo para que actúe como estabilizador, y eleve ligeramente del suelo la otra pierna con la rodilla aún flexionada. Ésta es su posición de partida.

- Eleve el abdomen y presione hacia atrás la pierna elevada, dejando que el movimiento provenga de la parte alta del muslo para abrir la cadera hacia arriba. Mantenga la rodilla relajada y el movimiento controlado. Baje la rodilla a la posición inicial justo por encima del suelo, y trabaje seguidamente 8-16 repeticiones. El objetivo es extender la pierna desde delante de la parte superior del muslo de la pierna de trabajo, en vez de dejar que el movimiento proceda de la espalda baja.

- ¿Ha completado sus repeticiones? Bien, pasemos a trabajar el otro lado.

CONSEJOS

▶ Es importante mantener firmemente elevado el abdomen para que la espalda esté tan plana como sea posible y no se ejerza presión sobre la zona baja de la espalda.

▶ Al principio quizás encuentre difícil mantener la pierna sin tocar el suelo durante todas las repeticiones. En tal caso, puede bajar la pierna del todo para hacer una breve pausa. Tenga presente, sin embargo, que, para la eficacia real de este ejercicio, el objetivo final es mantener la rodilla continuamente elevada del suelo durante todas las repeticiones.

TRABAJO TOTAL DE GLÚTEOS

En esta posición puede trabajar realmente los músculos glúteos y utilizar la fuerza de gravedad en su provecho. Este ejercicio puede realizarse con cinta elástica o cuerda de resistencia, o sin ella.

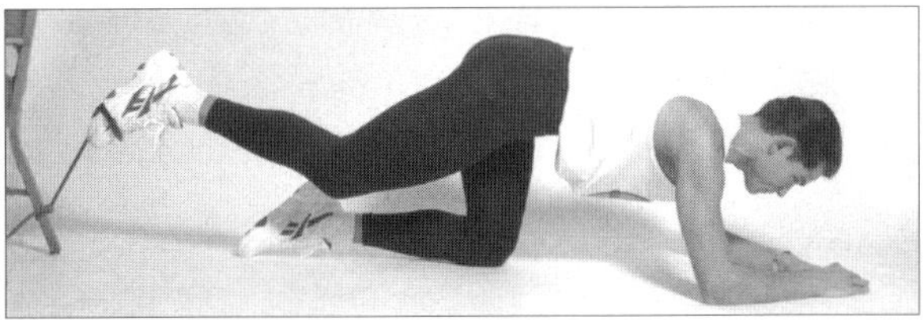

- Si utiliza una cinta elástica, ate un extremo alrededor de la punta del pie y el otro extremo a la pata de una silla pesada. Ahora apoye su peso sobre sus antebrazos y sus rodillas. La pierna que va a trabajar debe estar ligeramente extendida hacia atrás.

- Sin elevar la pierna, contraiga sus glúteos de ese lado. Una vez que ha apretado ese lado de los glúteos, prosiga y eleve la pierna. Su tronco no tiene nada debajo para apoyarlo, así pues ¿adivina qué va a utilizar para ello...? Sí, eso es, el abdomen. Su abdomen debe permanecer elevado continuamente, de lo contrario su espalda se hundirá y esto significará mucha tensión sobre la columna vertebral.

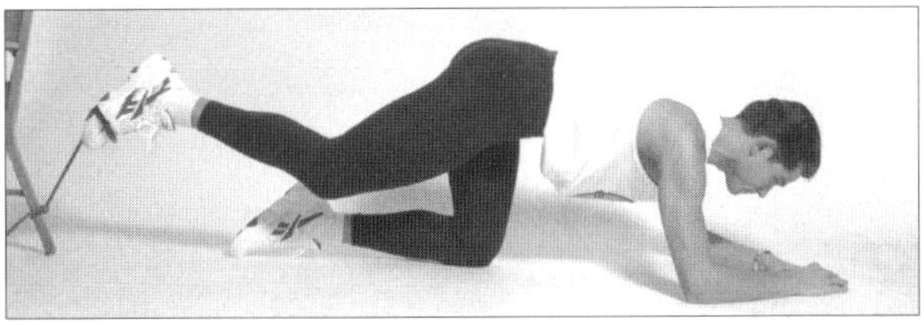

- Baje la pierna, pero trate de mantener la rodilla sin tocar el suelo. Efectúe 8-16 repeticiones, asegurándose de que comienza cada repetición contrayendo los glúteos antes de elevar la pierna. Recuerde elevar el abdomen cada vez que eleva la pierna.

- Repita con la otra pierna. Tenga bien presente que ha de hacer el mismo número de repeticiones con cada pierna.

¡Buen trabajo! Pase ahora a la página 89 para ejecutar sus suaves estiramientos de enfriamiento

CONSEJO

▶ La amplitud de movimiento de la pierna en esta posición viene determinada por lo lejos que puede elevar la pierna sin arquear la espalda ni perder el soporte de su abdomen. Procure mantener la espalda plana y conserve esta posición durante cada una de sus elevaciones de pierna.

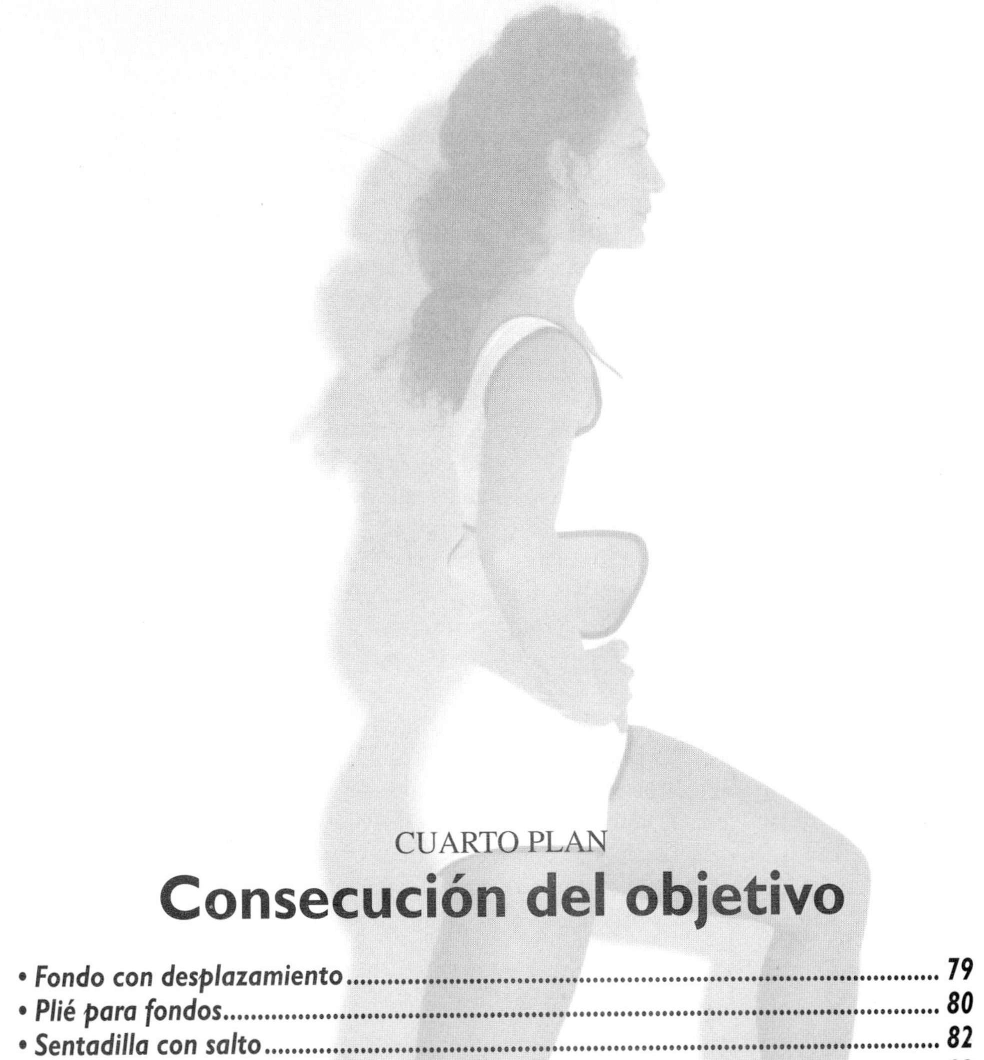

CUARTO PLAN

Consecución del objetivo

¿Ya ha calentado? No olvide repetir algunos de los movimientos de calentamiento si nota que su preparación no es completa.

Perfectamente, ha mejorado su sentido del equilibrio, y sus piernas y glúteos se están volviendo más fuertes y firmes. Ahora podemos divertirnos un poco. En este plan he añadido un rebote a alguno de los ejercicios. Utilizo la palabra «rebote» en vez de «salto» porque aquí, como en el resto del programa, el objetivo es completar los ejercicios de manera tan controlada y segura como sea posible. Siempre que añada un rebote, concéntrese realmente en elevar con todo su cuerpo. Afloje las articulaciones de la cadera y la rodilla al aterrizar, de modo que al hacerlo *suavemente* los músculos realicen el trabajo y no dañe las articulaciones cerrándolas. También es importante mantener su alineación correcta —hombros sobre las caderas, caderas sobre las rodillas, rodillas sobre los tobillos— de nuevo para proteger estas articulaciones.

Una manera de comprobar si ejecuta correctamente su rebote es escuchar atentamente al aterrizar. Si mantiene el cuerpo en posición erguida y flexiona bien las rodillas, escuchará muy poco ruido. Por otra parte, si acusa cansancio o no está a punto para este desafío, escuchará un batacazo o ruido sordo al aterrizar, y es probable que sus rodillas no estén sobre sus tobillos. En este caso, revise su técnica y vuelva a este ejercicio concreto más tarde. Sin embargo, una vez que tenga preparación suficiente, añadir movimientos más potentes de este tipo implicará superar más dificultad, beneficiando a su amplitud de movimiento y cambiando la velocidad con la que contrae los músculos, lo cual le ayudará a desarrollar un aspecto más modelado. Sentirá, y también verá, una impresión de potencia y fuerza en sus piernas.

Introducimos aquí también varias secuencias largas de movimiento, junto con dos secuencias de desplazamiento muy exigentes. Una vez las domine, le proporcionarán un control superior de su cuerpo —y no hace falta mencionar que también mayor firmeza de piernas.

Una vez ejecute perfectamente cada uno de los cuatro planes, su sentido del equilibrio, su postura, su fuerza y resistencia muscular y la forma de sus piernas y glúteos mejorarán considerablemente. Entonces puede mezclar sus ejercicios favoritos de cualquiera de los planes. Fíjese tan sólo en no sobrecargar un grupo muscular determinado, y asegúrese de incluir mucha variedad. En el capítulo cuarto encontrará también diversas variaciones para que siga progresando.

¡A punto para seguir! Diviértase.

FONDO CON DESPLAZAMIENTO

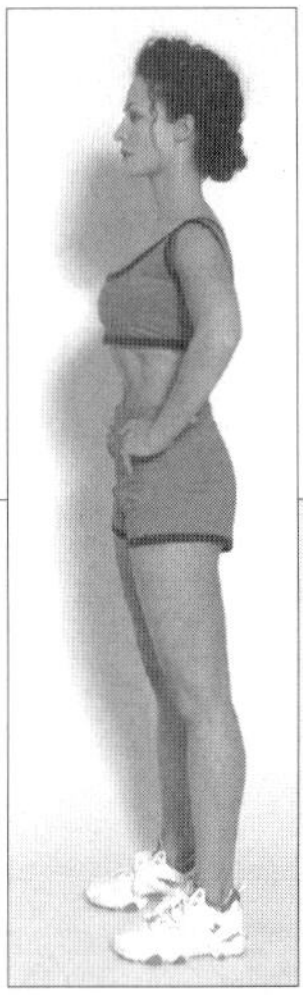

Es un ejercicio difícil que afecta a todos los músculos de la pierna, pero preste mucha atención a su alineación correcta, especialmente las rodillas.

- En posición derecha, con los pies juntos, manos en las caderas.

- Extienda la pierna izquierda hacia adelante con control y hacer un fondo hacia adelante. Asegúrese de no flexionar la rodilla delantera más de 90 grados.

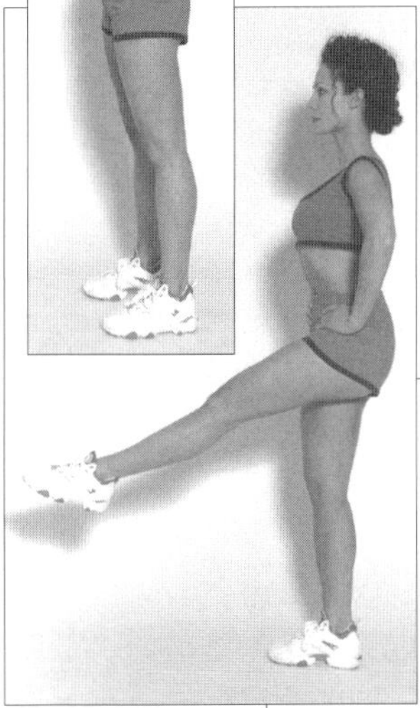

- Eleve su cuerpo erguido llevando la pierna derecha hacia adelante de modo que se junten las piernas. Extienda ahora la pierna derecha hacia adelante y hacer un fondo hacia adelante. Eleve otra vez el cuerpo erguido, y junte las piernas.

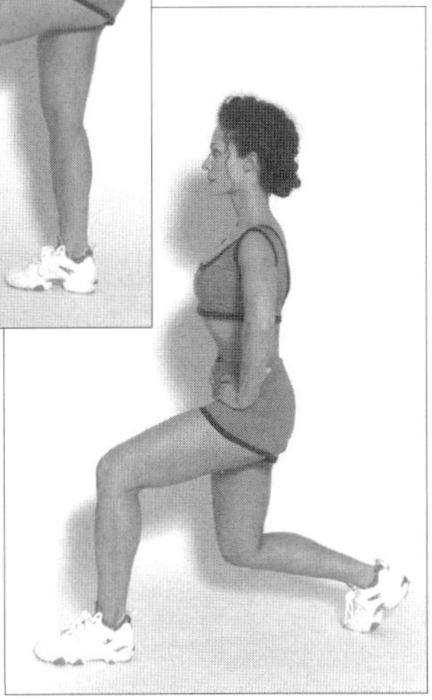

- Continúe alternando las piernas, de modo que se desplace hacia adelante, moviéndose por el suelo de manera controlada pero fluida. Compruebe que la rodilla delantera permanezca directamente encima del tobillo cuando baje en cada fondo. Avance por el suelo tan lejos como pueda, luego gire y vuelva en sentido contrario, fijándose el objetivo de completar al menos 16 repeticiones.

Nota: Es importante mantener la elevación del abdomen y el tronco alineado sobre la pelvis para evitar inclinarse hacia adelante y sobrecargar las articulaciones, especialmente las rodillas. Dejar que su tronco se incline hacia adelante significa que la mayor parte de la fuerza hacia abajo del ejercicio se sentirá en el muslo de la pierna delantera, minimizando por consiguiente el efecto tonificador para los glúteos —lo cual no es lo que usted desea—. Por tanto, procure mantener centrado el tronco, con su peso distribuido por igual entre ambas piernas, y recuerde elevar el cuerpo erguido entre fondos.

PLIÉ PARA FONDOS

Aquí combinamos dos movimientos principales de piernas para crear un ejercicio que trabajará todos los músculos de sus piernas. Observe que el talón está levantado para permitirle ajustar su posición desde el frente hacia el lado. Para controlar su alineación, mire por encima de sus rodillas cuando flexione hacia el plié. Los pies deben mirar en la misma dirección que las rodillas.

- Sitúese de pie con las manos en las caderas y gire las piernas hacia fuera desde las caderas (parte superior de los muslos). Las rodillas siguen, y los tobillos y los pies apuntan en la misma dirección. Siempre es mejor ser un poco conservador y no tratar de girar las piernas hacia fuera más de lo que permitan sus caderas, pues de lo contrario las rodillas quedarían en posición vulnerable.

- Flexione las rodillas, presionando las piernas abiertas y apuntándolas hacia los lados de la sala mientras baja hacia un plié. Baje contando 1…2, y suba 3…4. Repita este ciclo 4 veces.

- Ahora baje hacia su plié otra vez y levante un talón. Mientras lo levanta, la cadera, la rodilla, el tobillo y el pie de ese lado giran todos al mismo tiempo, de modo que ahora queda mirando hacia el lado en la posición de fondo. Su tronco está elevado de modo que su peso se centra entre ambas piernas mientras desciende hacia su proyección. Baje 1…2, suba 3…4. Repita este ciclo 4 veces.

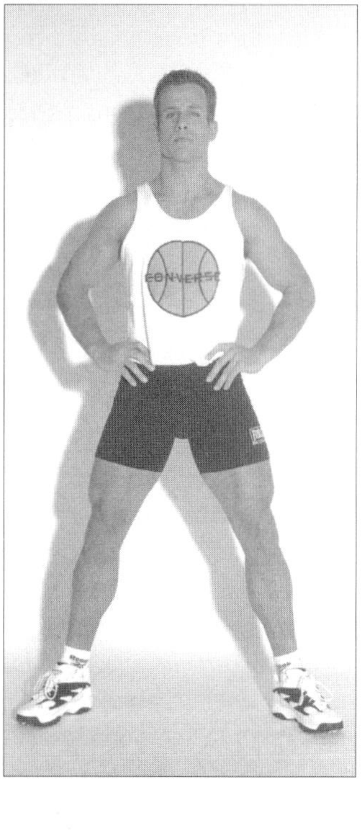

● Vuelva al centro y ahora está a punto para repetir toda la secuencia, empezando con sus 4 pliés y levantando luego el otro talón y haciendo un fondo hacia el lado opuesto. El objetivo debe ser realizar 4 ciclos completos, alternando los lados.

Tal como puede ver, la rodilla está girada y el pie y el tobillo no están alineados entre sí.

CONSEJOS

▶ Una vez que capte el ritmo, procure ejecutar la transición de la posición de plié a la de fondo de modo suave y continuo. Mantenga el tronco elevado desde su centro, no desde sus hombros. Imagínese mentalmente erguido.

▶ Mire la foto de posición incorrecta y observe el efecto adverso sobre la articulación de la rodilla si no levanta el talón y mantiene alineadas sus articulaciones.

▶ Mantenga la cabeza alta. Si deja que su cabeza caiga hacia adelante, le será difícil alinear el resto del cuerpo.

SENTADILLA CON SALTO

Es una adaptación de la posición de sentadilla. Aquí vamos a añadir un rebote del suelo para ayudarle a desarrollar una calidad más explosiva en su fuerza. Este tipo de movimiento tiene el valor añadido de aumentar la densidad de los huesos. No tiene que saltar muy alto, solamente lo suficiente para poder estirar completamente las piernas y apuntar los dedos de los pies.

- Empiece situándose en posición de sentadilla.

- Eleve el abdomen y salte del suelo hacia arriba, estirando las piernas y apuntando los dedos de los pies.

- Al aterrizar, hágalo apoyando gradualmente los pies, empezando por los dedos, planta, talón, y flexionando luego las rodillas y volviendo a su posición básica de sentadilla.

- Dado que es un movimiento intenso, empiece sólo con 6-8 repeticiones. No olvide elevar el abdomen cuando salte, y asegúrese de aterrizar suavemente flexionando las rodillas.

CONSEJO

▶ Cuando éramos niños siempre estábamos saltando arriba y abajo, por tanto cuando haga este ejercicio piense que es como un juego. Sólo que ahora sabemos cómo aterrizar correctamente sobre las piernas, y podemos utilizar la acción de rebote para fortalecer y tonificar los glúteos y las piernas.

PIERNAS DE RANA

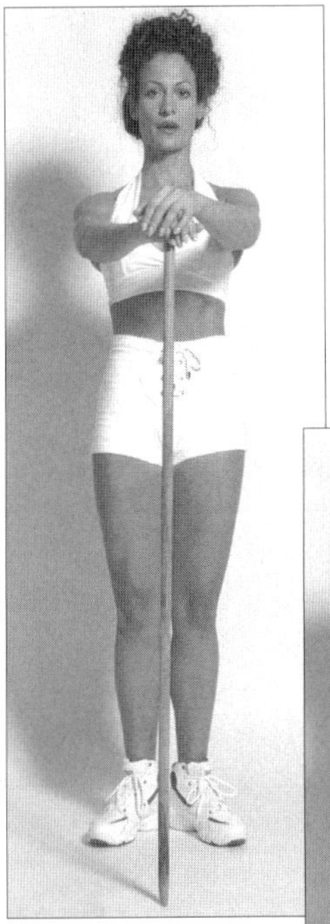

Esta posición quizá parezca sencilla, pero si sigue exactamente las instrucciones sentirá una fuerte contracción en los glúteos, aductores y cuádriceps. Utilice un palo de escoba o pica como soporte adicional.

- Colóquese de pie con los talones juntos y las piernas abiertas naturalmente hacia fuera. Procure no forzar demasiado ese giro, pues eso comprometería a sus rodillas. Sujete el palo delante suyo, colocando sus manos suavemente encima del mismo.

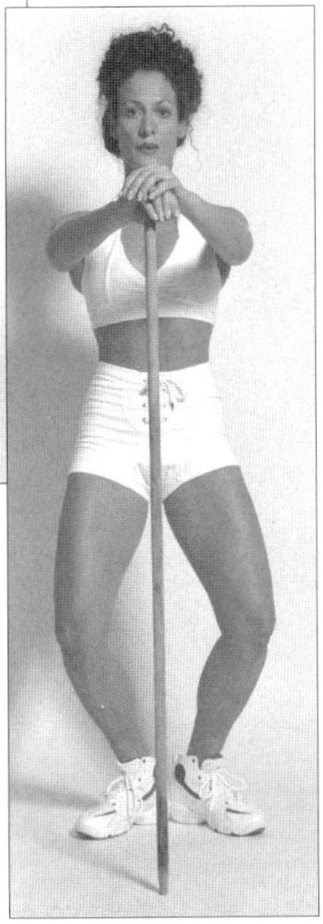

- Presione los talones hacia abajo en el suelo, y flexione las rodillas, abriéndolas hacia los lados de la sala. Sus glúteos permanecen directamente debajo suyo. Continúe flexionando y abriendo las rodillas hasta que note que sus talones ya no pueden permanecer más sobre el suelo.

- Una vez que alcance su posición más baja, contraiga los glúteos y manténgalos así debajo suyo mientras eleva el abdomen y empieza a estirar las piernas, llevando los aductores juntos hasta que las piernas estén completamente extendidas.

- Pase a su siguiente repetición, llevando las piernas juntas realmente firmes mientras sube de nuevo. Realice 8-16 repeticiones.

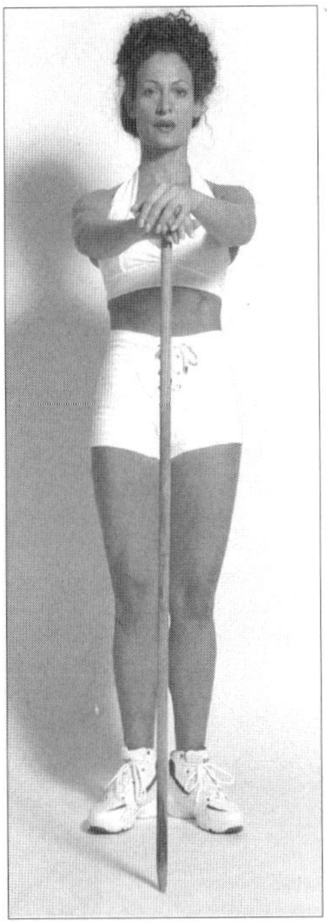

CONSEJOS

▶ Concéntrese en mantener los glúteos directamente debajo suyo. Si los glúteos giran atrás, perderá la contracción en esta zona y sus glúteos permanecerán flojos —¡y eso no es lo que usted desea!

▶ Sabrá si lo realiza correctamente porque, cuando las piernas estén completamente rectas, deberá sentir la contracción en sus glúteos, aductores y cuádriceps.

SALTO DE CONEJO

Aquí vamos a emplear todos los músculos principales de las piernas.

- Colóquese de pie con las piernas separadas, las rodillas relajadas, los pies girados ligeramente hacia fuera y las manos en las caderas.

- Flexione las rodillas hacia un plié y utilice el impulso de esta acción de flexión para saltar sobre el suelo hasta que las piernas estén totalmente estiradas. *Asegúrese de flexionar las rodillas al aterrizar.* Una vez que aterrice, baje hacia su plié, y prepárese para efectuar el siguiente salto.

- Empiece con sólo 4-6 saltos y aumente el número a medida que adquiera más fuerza.

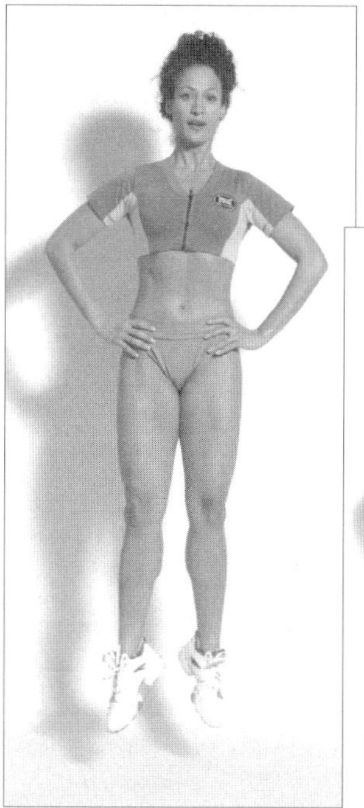

CONSEJOS

▶ Compruebe que mantiene su cuerpo vertical en todo momento. Evite inclinarse hacia adelante cuando salte o aterrice, ya que eso le desequilibraría.

▶ Asegúrese siempre de flexionar las rodillas al aterrizar. Si lo hiciera con las piernas rígidas ejercería mucha presión sobre la zona baja de la espalda y las rodillas. Flexionar las rodillas ayuda a protegerlas a ellas y a la espalda baja, de modo similar a la acción de los amortiguadores en un coche. También asegura una contracción extensa en los glúteos.

ELEVACIÓN DE GLÚTEOS A GATAS

Este ejercicio es semejante al Trabajo de glúteos del Tercer Plan, pero sin la caja de apoyo. En esta posición a gatas es extremadamente importante utilizar completamente la fuerza del abdomen para mantener el estómago hacia arriba y la zona baja de la espalda. Al elevar la pierna en esta posición, hay tendencia a dejar que se curve la zona baja de la espalda y que caiga hacia el suelo, ejerciendo mucha presión sobre la base de la columna vertebral. Pero ahora que ha llegado al Cuarto Plan tiene práctica en utilizar al abdomen como soporte y se da cuenta de la importancia que tiene mantener una espalda plana y estable.

- Colóquese a gatas en el suelo, apoyado en las manos y las rodillas, con una separación entre éstas equivalente a la anchura de las caderas.

- Junte los talones y gire una rodilla hacia fuera del centro del cuerpo, de modo que la pierna se aparte directamente de la pierna de apoyo. Siga girando la rodilla hacia fuera y la pierna despegará del suelo.

- Baje la pierna a la posición de partida, y luego gire otra vez la rodilla hacia fuera para pasar directamente a la siguiente repetición.

- Realice 8-16 repeticiones, manteniendo continuamente plana la posición de la espalda. Siga con los hombros bajos y procure sostener elevada la cabeza, y no caída.

- Repita con la otra pierna. Recuerde efectuar el mismo número de repeticiones con cada pierna.

CONSEJO

▶ Al elevar la pierna desde una posición a gatas, su peso se traslada naturalmente al lado opuesto del cuerpo hacia la pierna de apoyo. Para equilibrarlo y evitar ejercer demasiada presión sobre la rodilla de apoyo, intente cargar más peso sobre el brazo de ese lado para distribuir el peso más uniformemente entre sus puntos de soporte.

RECONSTRUCCIÓN POSTERIOR

Este ejercicio es una combinación del fondo con desplazamiento y de la tonificación de muslos, de modo que, si se ejecuta correctamente, puede ser muy intenso y mejorar realmente su sentido del equilibrio.

- Sitúese de pie con las manos en las caderas.

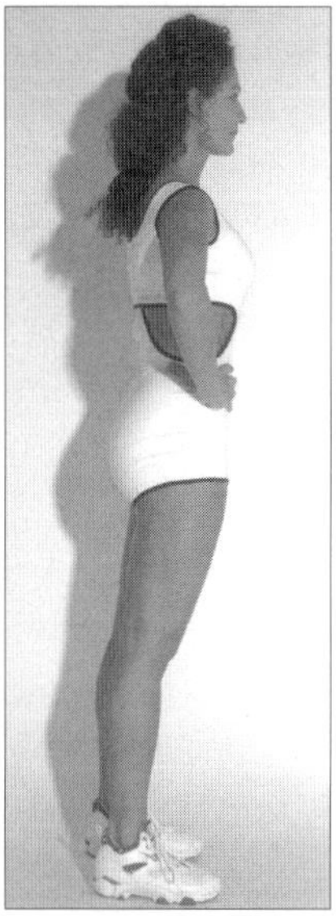

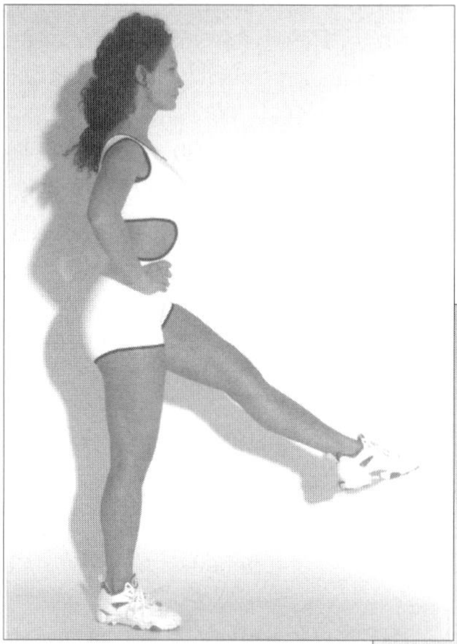

- Extienda una pierna hacia adelante, con la pierna muy recta para estirar el muslo con firmeza.

- Pase a una posición de fondo hacia adelante, bajando el cuerpo recto.

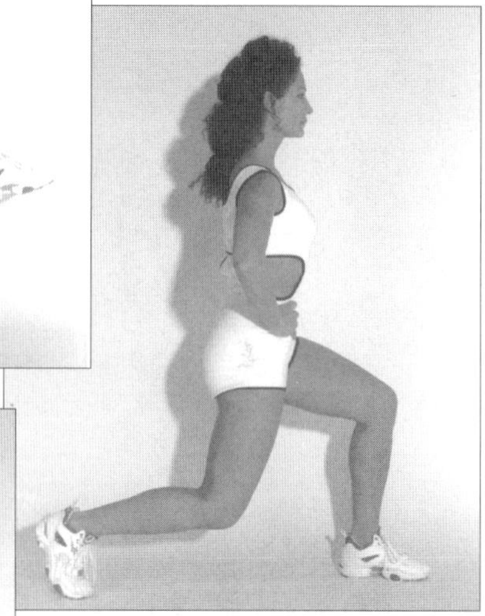

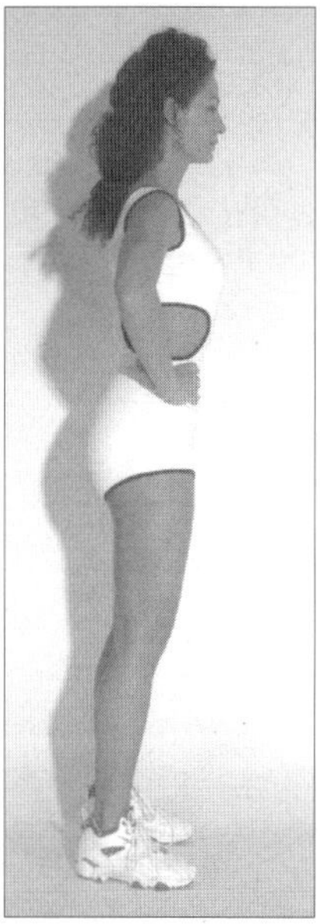

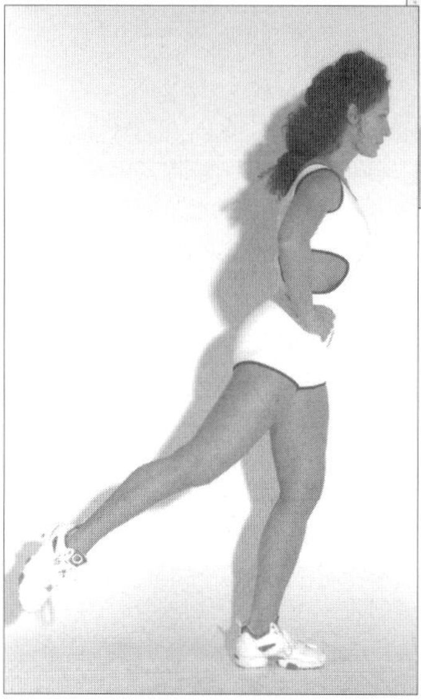

- Salga del fondo empujando hacia arriba con la pierna posterior y extendiéndola hacia atrás, mientras eleva recto el cuerpo. Mientras empuja hacia arriba, apriete realmente la parte posterior de la pierna, especialmente los glúteos, y estire ambas piernas.

- Junte las piernas de nuevo, a punto para iniciar su siguiente repetición con la otra pierna.

ELEVACIÓN LATERAL DE PIERNA

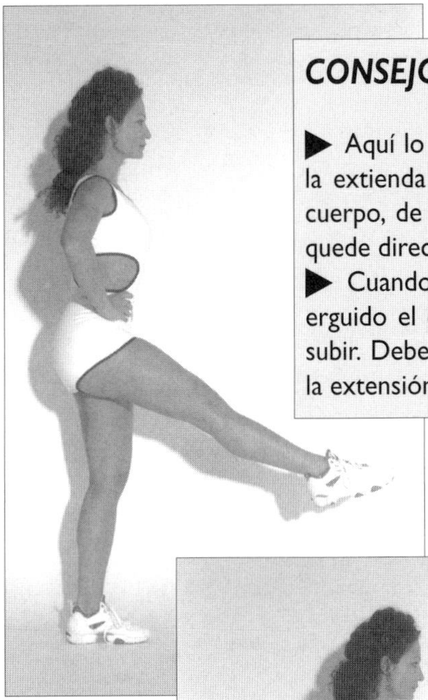

CONSEJOS

▶ Aquí lo importante es estirar realmente la pierna delantera cuando la extienda hacia adelante. Sienta como si su pierna se alejara de su cuerpo, de modo que cuando aterrice en su fondo la rodilla delantera quede directamente encima del tobillo.

▶ Cuando suba desde el fondo, concéntrese realmente en mantener erguido el cuerpo en vez de inclinarlo hacia adelante para ayudarse a subir. Debe elevar recto el cuerpo para poder conservar el control de la extensión de la pierna hacia atrás.

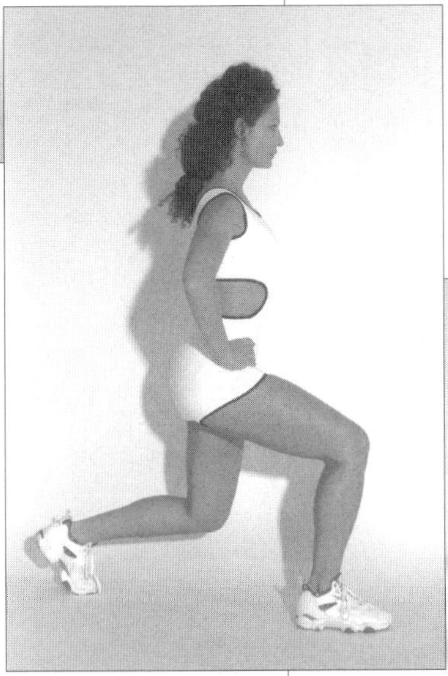

- Efectúe 16 repeticiones alternando las piernas, con un total de 8 fondos con cada pierna. Si nota que puede hacer más, ¡adelante!

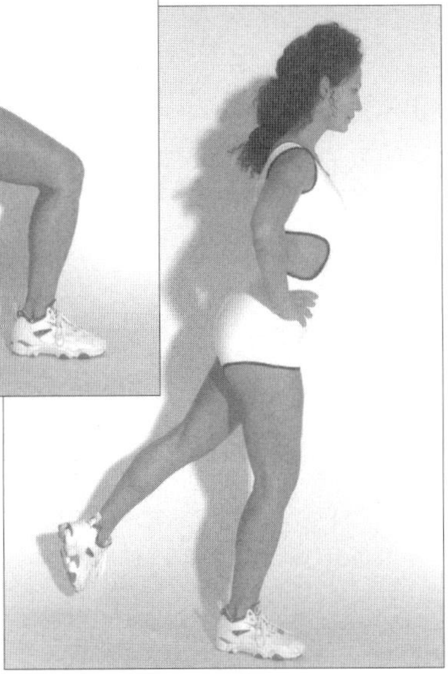

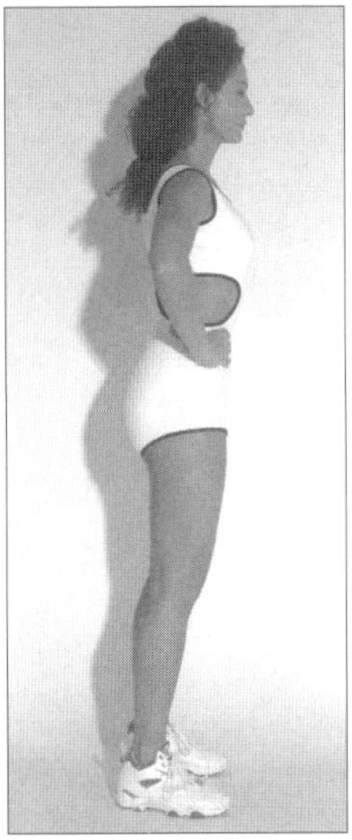

GLÚTEOS APUNTADOS

Este ejercicio contrae los glúteos y los músculos isquiotibiales. Colocar una toalla debajo del cuerpo, cerca del ombligo y directamente encima de los huesos de la cadera le ayudará a mantener la espalda plana durante el ejercicio.

- Tiéndase en el suelo cara abajo. Para hallar la posición correcta para la toalla, coloque las manos a los lados de las caderas. Los huesos curvados que nota en sus costados son de la pelvis. Asegúrese, por tanto, de poner la toalla encima de ellos para ayudar a aplanar la espalda. Si coloca la toalla demasiado abajo hacia los muslos conseguirá el efecto opuesto, y aumentará la curva en la zona baja de su espalda mientras realiza el ejercicio.

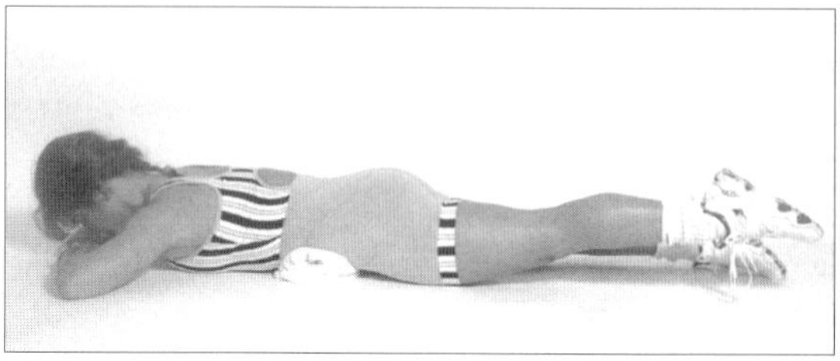

- Ahora descanse la cabeza sobre las manos. Tire el abdomen hacia arriba lejos de la toalla mientras eleva un poco una rodilla del suelo y lleva el talón hacia los glúteos, sin arquear la zona baja de la espalda. La mayor elevación de la rodilla con respecto al suelo depende de lo plana que pueda mantener la zona baja de la espalda.

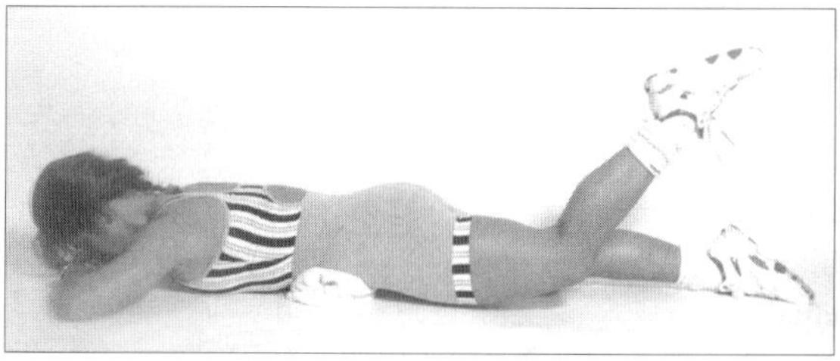

- Estire la pierna, manteniendo la rodilla sin tocar el suelo y pase a su siguiente repetición llevando otra vez el talón hacia sus glúteos. Complete 8-10 repeticiones antes de repetir con la otra pierna.

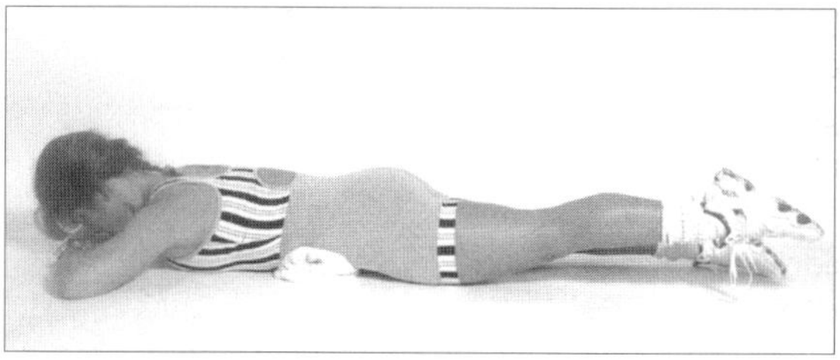

CONSEJOS

▶ Elevar el abdomen lejos de la toalla ayudará a mantener el movimiento en los glúteos y músculos de la parte posterior (isquiotibiales) y evitará que se arquee la espalda.

▶ Si no puede mantener la rodilla levantada del suelo y el abdomen elevado durante sus repeticiones, haga una pausa muy breve apoyando la pierna en el suelo, y luego vuelva a situarla correctamente para la repetición siguiente.

¡Bien hecho! No olvide pasar a la sección de enfriamiento de la página 89.

ENFRIAMIENTO

¡Felicidades a quienes hayan completado su primera serie de ejercicios! Ha dado el primer paso para conseguir algunos verdaderos cambios en su apariencia y en sus sensaciones internas. La mayoría de personas estarán de acuerdo en que, después de una sesión de ejercicios, tendemos a sentirnos mucho más fuertes y vigorizados. Por tanto, concéntrese en estas ideas, y sienta realmente cómo mejora y se fortalece. Piense en lo que *ha* conseguido con su trabajo en vez de lamentarse por lo que no ha hecho tan bien como hubiese deseado. A partir de ahora, va a ser más fácil y las recompensas serán más visibles. El primer paso es el más difícil, y usted ya lo ha dado.

Si ha hecho ejercicio regularmente y ha podido completar fácilmente su plan manteniendo la forma correcta en cada repetición, entonces también merece felicitaciones. Sin embargo, si ha encontrado dificultades en alguno de los ejercicios, revíselos y practíquelos de nuevo antes de pasar a su plan siguiente. Cada plan se centra en determinadas habilidades, por lo cual debe asegurarse que domina *cada* ejercicio antes de pasar al plan siguiente.

Recuerde que el objetivo del Primer Plan es adoptar y desarrollar las posiciones básicas correctamente. La alineación del hombro, cadera, rodilla y tobillo aparecerá una y otra vez, por lo cual no puedo dejar de insistir en la importancia de adquirir las habilidades básicas y trabajar con ellas hasta que lleguen a ser una segunda naturaleza. Así pues, adquiera confianza en su técnica y alineación antes de seguir adelante. Si ya está en el Cuarto Plan, he preparado algunas variaciones para ayudarle posteriormente a aumentar la eficacia.

Pasemos al enfriamiento. Su cuerpo ha realizado una serie de movimientos de articulaciones en diversos ángulos, por lo cual debería encontrarse bien y caliente. En esta sección vamos a concentrarnos en aumentar la flexibilidad.

A diferencia del calentamiento, donde el movimiento era más fluido y continuo, ahora vamos a sostener las posiciones de estiramiento durante una cuenta mínima de 25-35 —y, en algunos casos, todavía más tiempo—. Cuando efectúe estos estiramientos le recomiendo que cuente lentamente, para lo cual puede decir 1 Mississippi, 2 Mississippi... y así sucesivamente, de forma que pueda percatarse de lo largos que son realmente 25 o 35 segundos. En esta parte del programa es donde puede conseguir realmente mejorar su flexibilidad. Hay muchas personas que piensan que ya es suficiente con realizar los ejercicios de tonificación. Pero si quiere tener las mejores proporciones corporales ha de ser capaz de lograrlo, por lo cual también necesita tener buena flexibilidad general. ¿Quiere conseguir mejorar la forma de sus glúteos y muslos? ¿De verdad? Entonces, su gama de movimiento —en otras palabras, la capacidad máxima de estiramiento y de acortamiento de sus músculos— afectará notablemente al aspecto y a la forma de sus glúteos y piernas. No podemos esperar utilizar mayores amplitudes de movimiento si no estiramos hacia sus límites.

¿Verdad que tiene sentido? Bien, vamos a practicar estiramientos.

Nota: Es importante saber estirar correctamente un músculo después de practicar los tipos de posiciones y métodos utilizados en este programa. Aquí empleamos primordialmente el método pasivo de estiramiento en el que usted llega a la posición final y la mantiene *¡sin rebotar!* Rebotar hacia atrás y hacia adelante, incluso con control, es contraproducente para nuestro objetivo.

Para obtener los máximos beneficios de cada estiramiento, colóquese en la posición y luego muévase más hacia ella hasta que sienta tensión en el grupo muscular que está estirando. Sosténgala durante el número de segundos recomendado o hasta que se sienta suficientemente estirado. Si la tensión cede, avance un poco más en el estiramiento y continúe sosteniendo. Cuanto menos fuerce la posición, y cuanto más la mantenga hasta donde sea capaz de hacerlo, más eficaz será su estiramiento, y evitará además lesionar al músculo. Otro consejo es soltar el aire cuando incremente la amplitud de su estiramiento, ya que esto relaja el cuerpo.

ESTIRAMIENTO CON FONDO LATERAL

Este estiramiento incluye a los músculos de la corva (isquiotibiales) y los aductores. Si mantiene el abdomen elevado, no debe tener problemas con el equilibrio, dejándole libre para concentrarse en el verdadero estiramiento.

- Sitúese de pie con las rodillas separadas la misma distancia que la anchura de los hombros, apoyando ambas manos sobre el muslo izquierdo, bien por encima de la rodilla.
- Flexione la rodilla izquierda y, al mismo tiempo, estire la pierna derecha, presionando las caderas hacia atrás e inclinando su tronco sólo un poco hacia la pierna izquierda hasta que note alguna tensión en los músculos de la corva (isquiotibiales) y en los aductores de la pierna derecha. Sostenga la posición y empiece a contar lentamente 25-35 segundos.

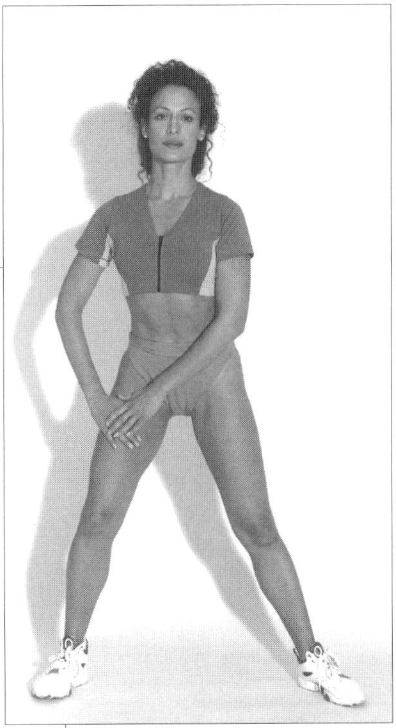

- Repita hacia el otro lado flexionando la rodilla derecha y estirando la pierna izquierda, asegurándose de que apoya bien las manos sobre la rodilla derecha.

ESTIRAMIENTO DE CUÁDRICEPS/ MÚSCULOS DE LA CORVA

Aquí vamos a estirar tanto la parte anterior como la posterior de los muslos. La posición de su zona baja de la espalda determinará su éxito para aislar los músculos específicos, por tanto no la arquee. Utilice una silla como soporte extra, pero recuerde que su abdomen elevado (contracción abdominal) va a actuar como su apoyo principal.

- Apoye ligeramente la mano derecha en el respaldo de la silla y traslade su peso sobre la pierna derecha. Lleve la mano izquierda hacia atrás y eleve el talón del pie izquierdo hasta su mano izquierda.

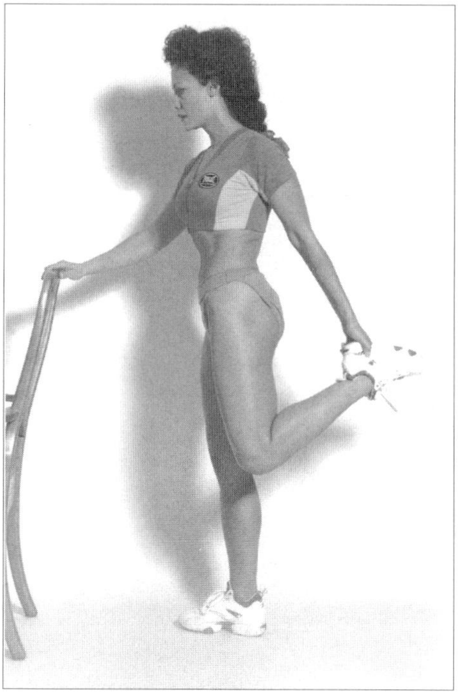

- La secuencia de este estiramiento es muy específica. Así pues, sostenga el talón izquierdo y, elevando el abdomen, presione la rodilla izquierda hacia atrás, sin llevar el talón hacia sus glúteos. Una vez que haya abierto completamente la parte delantera del muslo izquierdo, entonces puede llevar el talón hacia los glúteos. Aguante durante una cuenta lenta de 25-30 segundos, manteniendo su posición, hasta que sienta que se afloja un poco la tensión del estiramiento.

- Si ha presionado la rodilla hacia atrás y ha abierto completa y correctamente la cadera, el talón no podrá alcanzar totalmente a los glúteos, y sentirá un estiramiento completo de los cuádriceps.

- Ahora haga lo mismo por el otro lado.

(ISQUIOTIBIALES)

La parte de este estiramiento referente a los músculos de la corva (isquiotibiales) se realiza en dos etapas. Para la primera, apoye ambas manos en el respaldo de la silla. Va a estirar la pierna izquierda completamente y va a sentarse sobre la pierna derecha con la rodilla flexionada, cerciorándose al mismo tiempo de que *mantiene plana la espalda.*

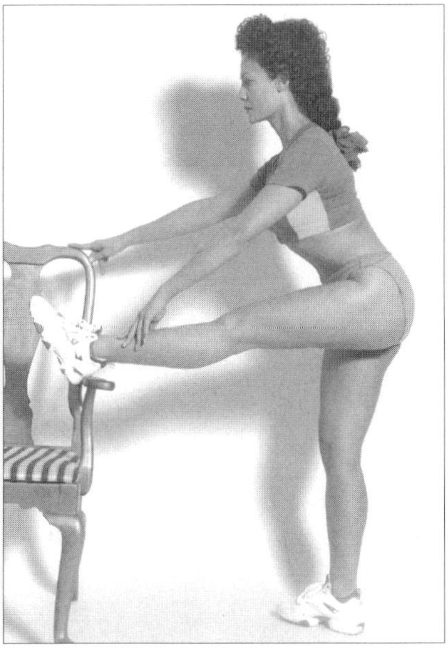

- Así pues, cargue su peso hacia atrás sobre la pierna derecha, mientras estira la pierna izquierda y flexiona el pie izquierdo. Siéntese hasta que note tensión en la parte posterior de la pierna izquierda y aguante. Dado que los músculos de la corva (isquiotibiales) tienden a estar tensos, aguante durante 30-40 segundos, empezando a contar 1 Mississippi, 2 Mississippi... Cuando flexione el tronco hacia adelante, debe inclinarse desde la cadera (parte superior del muslo) de modo que la espalda permanezca plana.

- Repita por el otro lado. Siga, aguante allí durante toda la cuenta. ¡Sus piernas se lo agradecerán!

- Muy bien, usted ha sentido un estiramiento, pero quizá no ha sido muy grande. En tal caso puede pasar a este estiramiento más intenso. Gire la silla de lado. Extienda una pierna sobre el brazo o el asiento de la silla. La espalda debe estar vertical y el abdomen elevado y hacia dentro. Si necesita incrementar el estiramiento, lleve el cuerpo hacia adelante dirigiendo con el ombligo —evite que el cuerpo caiga hacia adelante—. De nuevo, aguante durante 30-40 segundos.

- Quizá parezca que no está sucediendo gran cosa, pero la parte posterior de la pierna extendida debe sentirse más larga a medida que afloja la tensión, por tanto continúe inclinándose hacia adelante durante el estiramiento. No olvide estirar la otra pierna.

ESTIRAMIENTO DEL MUSLO

Ahora vamos a estirar los músculos de la parte superior del muslo, los flexores de la cadera.

● Empiece con una rodilla en tierra y la otra pierna flexionada delante con el pie plano sobre el suelo. Asegúrese de que la pierna delantera esté suficientemente extendida, con el tobillo delante de la rodilla, de modo que cuando se mueva hacia adelante hacia la posición, la rodilla delantera acabe directamente encima del tobillo con un ángulo de 90 grados.

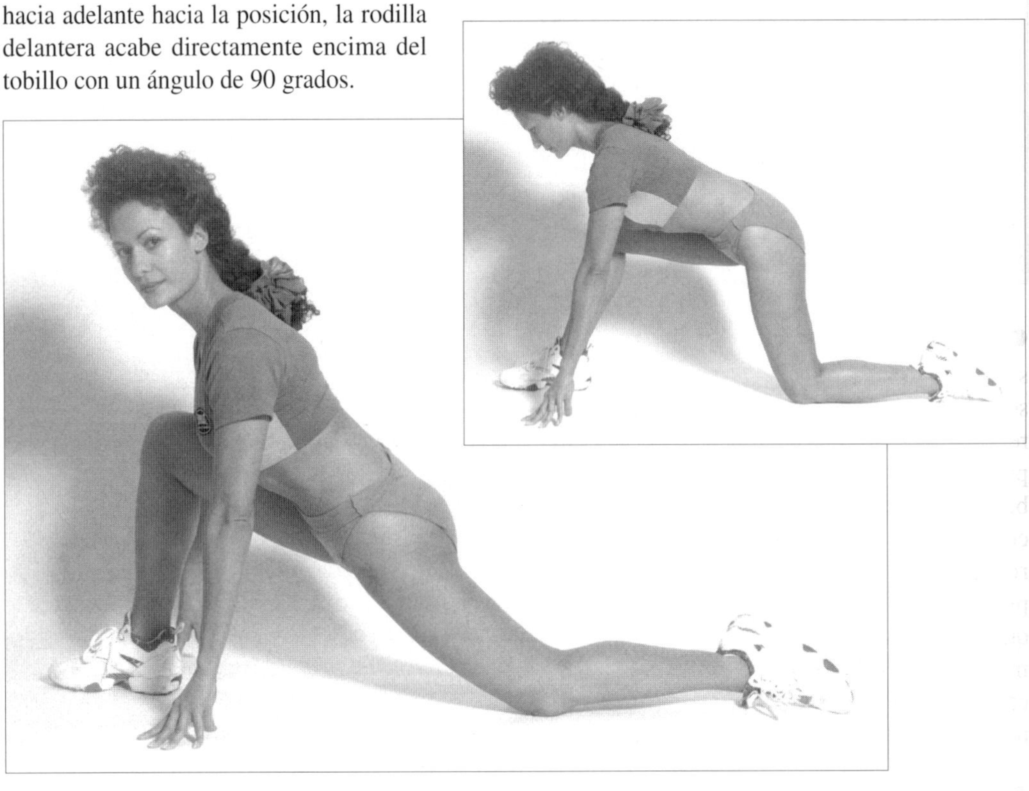

● Presione lentamente los flexores de la cadera de su pierna posterior adelante hacia el suelo, de modo que esos músculos se sientan muy largos, especialmente en la parte superior (articulación de la cadera). Aguante 30-40 segundos, asegurándose siempre que resiste hasta el punto de tensión, no de dolor.

● Repita por el otro lado.

ESTIRAMIENTO CARA POSTERIOR DE PIERNA

Éste es un estiramiento realmente bueno para la zona baja de la espalda y los músculos de la corva, por tanto procure permanecer en él durante todo el tiempo indicado.

- La rodilla posterior está en el suelo y la pierna delantera está flexionada con la rodilla directamente encima del tobillo.

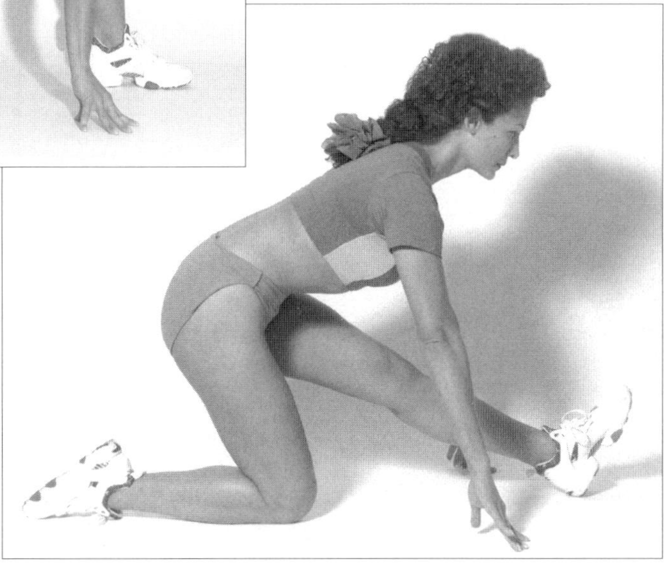

- A partir de aquí va a trasladar su peso hacia atrás, asegurándose de que su peso no caiga directamente sobre la rótula de la pierna de soporte, sino justo debajo de ella. Por tanto, tenga cuidado y no se siente sobre la rodilla posterior. Las caderas permanecen rectas, de modo que ambas caderas mantienen la misma relación con la pierna en cada lado, y ninguna pierna está más adelantada de la cadera que la otra.

- Eleve el abdomen cuando estire la rodilla delantera y traslade su peso atrás, teniendo cuidado en *no* sentarse sobre su pierna posterior. Continúe elevando su ombligo hacia su pierna extendida. Procure aguantar este estiramiento durante 25-35 segundos.

- Repita por el otro lado.

ELEVACIÓN Y EXTENSIÓN

Aquí vamos a estirar diversos grupos musculares —de la espalda, del costado de la cintura, los aductores de la pierna flexionada y los músculos de la corva (isquiotibiales) de la pierna estirada.

- Siéntese vertical con una pierna extendida. La otra pierna está flexionada, *con el pie hacia el centro de su cuerpo.* Procure que no caigan la pelvis y su zona del estómago. En lugar de ello, siéntese vertical sobre la pelvis y sienta la elevación de su tronco.

- Manteniendo elevado el tronco, eleve primero un brazo hacia arriba y luego diríjalo sobre la pierna extendida. Mantenga los hombros abiertos y trate realmente de conservar esa sensación de elevación en todo su cuerpo. Aguante durante 20-30 segundos.

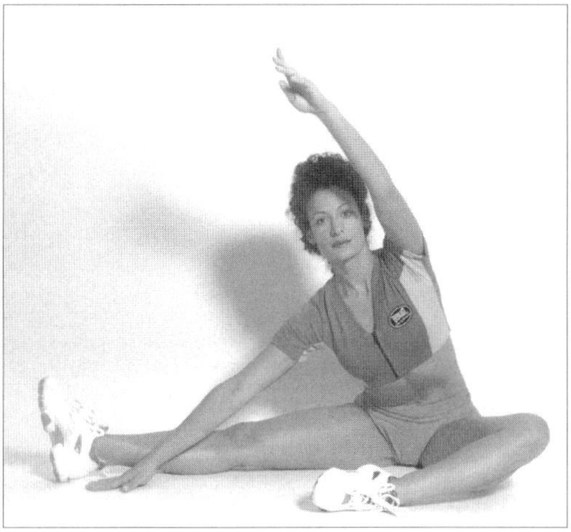

- Ahora, manteniendo todavía la elevación del tronco, lleve ambos hombros paralelos al suelo mientras eleva el abdomen hacia la rodilla y coloca las manos a cada lado de su pierna extendida. Una vez en posición, procure fundirse en el suelo y mantenga relajada la pierna flexionada. Aguante otros 20-30 segundos.

- Repita toda la secuencia por el otro lado.

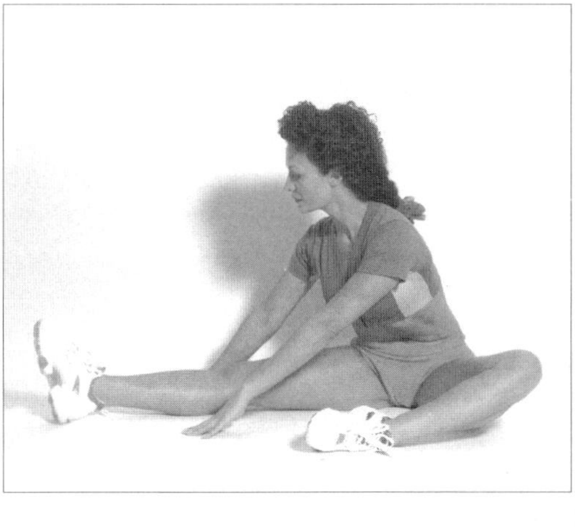

ELEVACIÓN Y ROTACIÓN

Aquí se estiran los músculos de la corva (isquiotibiales) y los rotadores —el pequeño grupo de músculos situados en profundidad debajo de los glúteos y que son responsables de sus giros hacia fuera.

- En posición sentada en el suelo con ambas piernas rectas hacia adelante, mueva la pierna izquierda y coloque el tobillo sobre la pierna derecha, justo debajo de la rodilla.

- Eleve los brazos rectos, y luego bájelos con todo su tronco sobre las piernas hacia el suelo. Descanse las manos sobre la pierna o sobre el suelo, lo que le sea más cómodo, de modo que pueda relajarse hacia el estiramiento. Aguante durante 20-30 segundos. Continúe elevando su ombligo, de modo que el conjunto del tronco desde la cintura esté levantado sobre la pierna.

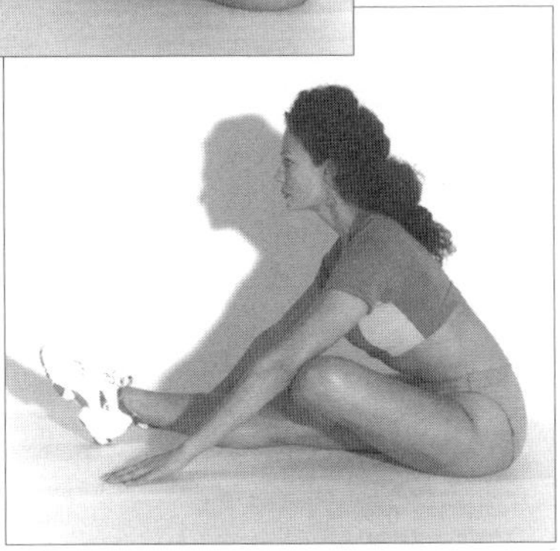

- Si los músculos isquiotibiales y los rotadores están muy tensos, puede encontrar difícil sostener esta posición. En tal caso, intente hacer este estiramiento tendida sobre la espalda. La posición de piernas es la misma. Basta que tire ambas piernas hacia sí y aguante durante 20-30 segundos.

Siga conmigo, casi lo hemos conseguido...

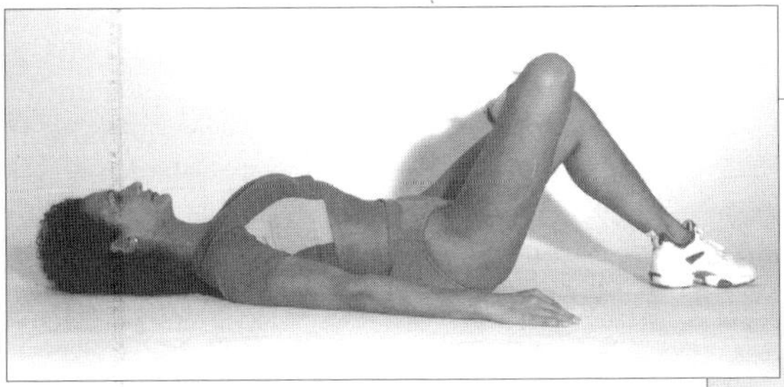

ESTIRAMIENTO DE CINTURA

- Siéntese con las piernas cómodamente cruzadas. Manteniendo elevado el abdomen, coloque una mano delante de las piernas y la otra mano detrás suyo.

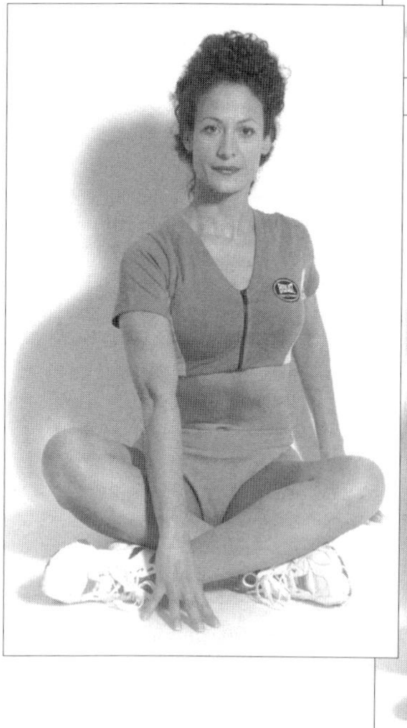

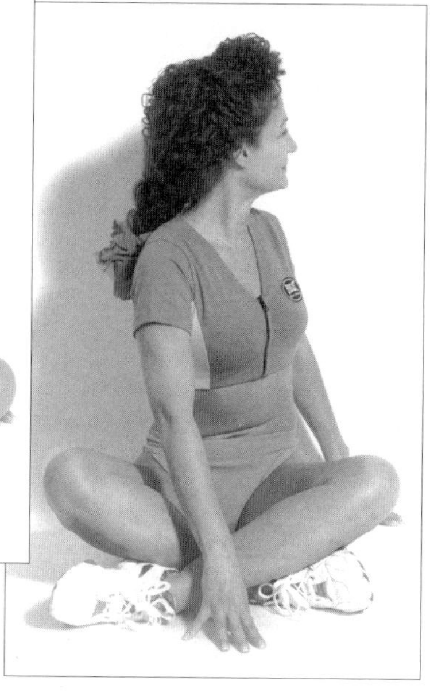

- Manteniendo los hombros y el abdomen elevados, efectúe una rotación desde la cintura mientras gira el tronco y mira por detrás del hombro. *Permanezca vertical durante todo el movimiento* y aguante 20-30 segundos.

- Vuelva lentamente al centro y repita hacia el otro lado.

ESTIRAMIENTO DE CABEZA

Aunque realmente estamos estirando el cuello, lo denomino estiramiento de cabeza porque esta posición ofrece una buena oportunidad para cerrar los ojos y calmar su mente.

- Todavía en posición sentada con las piernas cruzadas y el tronco elevado, deje que la cabeza caiga suavemente hacia un lado, apuntando la oreja hacia el hombro mientras deja que el hombro opuesto caiga hacia el suelo. Aguante 20-25 segundos.

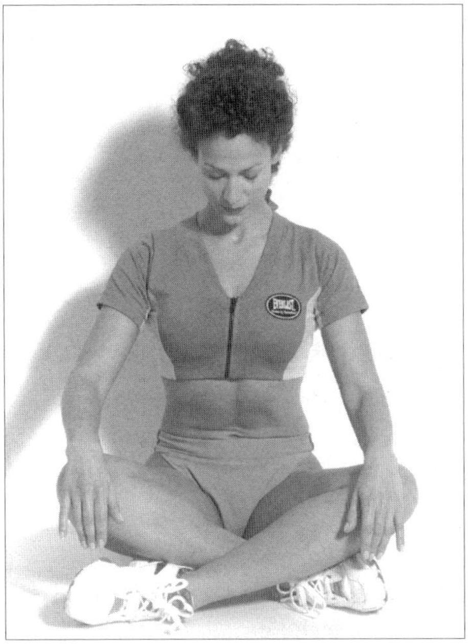

- Deje rodar la cabeza lentamente hacia adelante. Quédese así y relaje sus hombros durante 20 segundos.
- Ahora gire lentamente la cabeza hacia el otro lado de modo que la oreja apunte hacia el hombro. Aguante 20-25 segundos.
- Si todavía siente realmente tensos los hombros o el cuello, repita de nuevo esta secuencia.

ENCOGERSE

Ésta es una posición realmente cómoda que le permitirá estirar completamente la espalda.

● Siéntese vertical en el suelo con las rodillas flexionadas. Coloque ambos brazos debajo de las rodillas, de modo que cada mano agarre el brazo opuesto.

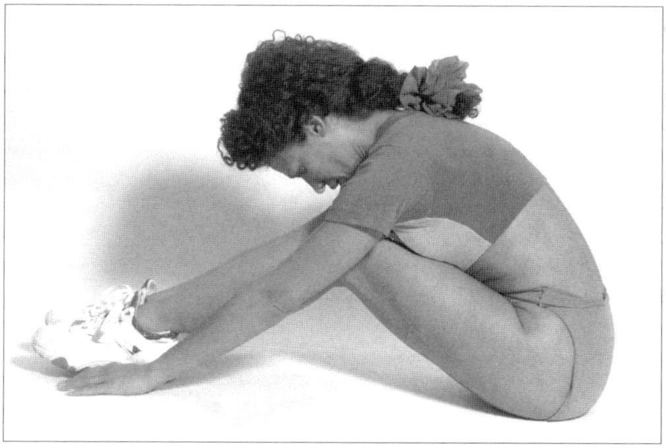

●Empiece a flexionar lentamente el tronco sobre las piernas elevando primero su pecho y dejando luego que la cabeza y los hombros se relajen sobre las piernas. Lleve el movimiento por medio de los brazos y hacia las manos, de modo que sus brazos se extiendan y sus manos queden sobre el suelo. Extienda las piernas ligeramente pero no las estire del todo. Haga algunas aspiraciones largas y pausadas y sienta cómo se hunde hacia sus piernas, pero mantenga la espalda arqueada. ¿Verdad que se siente bien? En realidad, se siente tan bien, que puede permanecer hasta 40 segundos. Tómese más tiempo, si lo necesita —solamente ha de permanecer así y relajarse.

Estamos casi llegando al final...

ESTIRAMIENTO COMPLETO DE PIERNAS

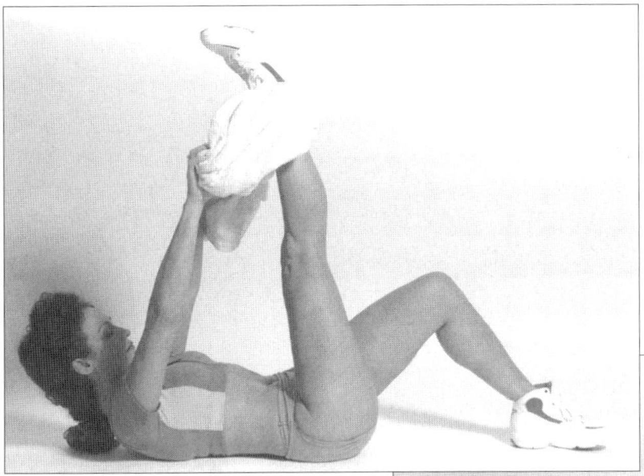

Es un magnífico estiramiento para los músculos de las corvas y la zona baja de la espalda.

- Agarre una toalla y tiéndase en el suelo con las rodillas flexionadas. Eleve una pierna y coloque la toalla alrededor de su tobillo y de la parte baja de la pantorrilla.

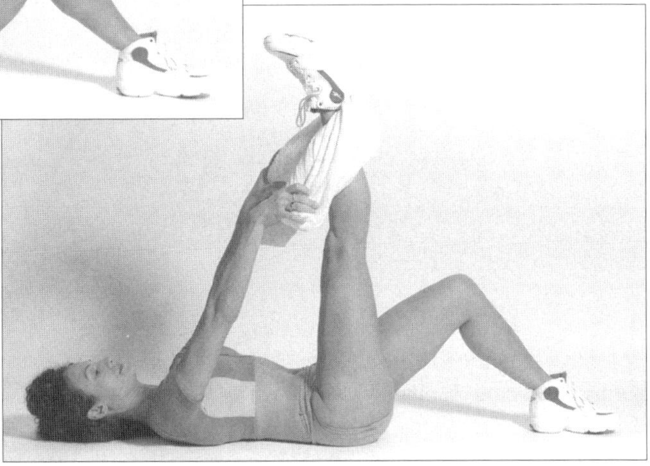

- Relaje la cabeza, el cuello y los hombros hacia el suelo. Estire suavemente la toalla hacia sí y sostenga la posición a la primera señal de tensión floja.

- Mantenga relajados cabeza, cuello y hombros. Espire y, mientras tanto, deje que la pierna caiga más hacia el estiramiento. Siga profundizando su respiración y su estiramiento durante una cuenta de 30-40 segundos.

- Repita por el otro lado.

Sólo queda uno más para acabar...

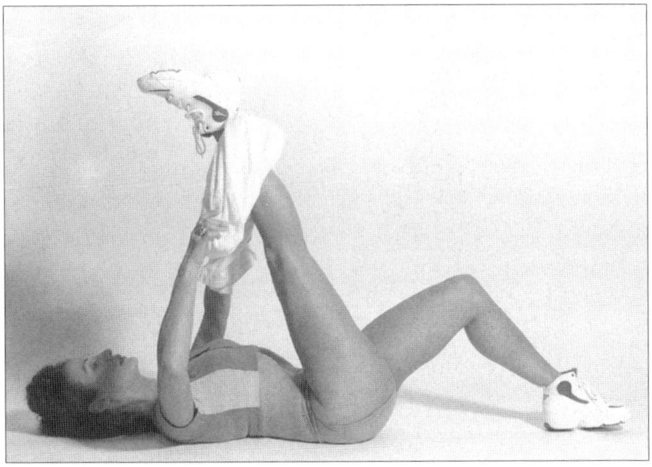

CRUZAR LOS MUSLOS

Este último es para los glúteos y abductores.

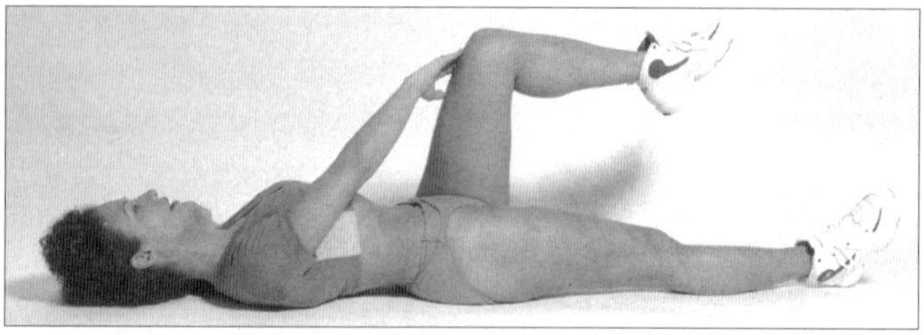

- Todavía en posición tendida sobre la espalda, extienda ambas piernas. Relaje completamente el cuerpo sobre el suelo, aflojando toda tensión en sus hombros, cuello, cara y tronco. Flexione la pierna izquierda, levantándola del suelo, y agarre la parte externa de la pierna con su brazo derecho, justo por encima de la rodilla. El brazo izquierdo está estirado en el suelo, separado del cuerpo.

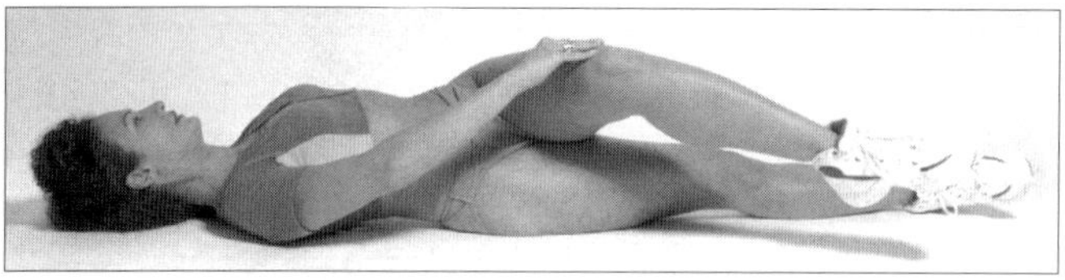

- Lleve la pierna izquierda flexionada sobre la derecha, asegurándose de que *ambos* hombros permanecen en el suelo. Respire lenta y profundamente y aguante durante 30-40 segundos.

- Repita por el otro lado.

¡Sí! Lo ha conseguido. Siempre supe que podría. No olvide anotar sus progresos. Dentro de uno o dos días, quiero verle para la fase siguiente.

CAPÍTULO 4

VARIACIONES DEL PROGRAMA

Ya ha completado los cuatro planes. ¡Felicidades! Probablemente han pasado de seis a ocho semanas desde que inició su programa de línea básica. Recuerde que la comida sana forma parte integral de la fórmula en nuestra ecuación de forma física, por tanto confío en que seguirá también los consejos dietéticos del capítulo quinto. Ahora sus piernas son más fuertes y esbeltas y su postura ha mejorado mucho. No ha sido fácil llegar hasta este punto. Ha requerido mucha disciplina, y puede enorgullecerse de lo que ha conseguido.

AUMENTO DEL DESAFÍO

Aquí no se acaba todo. Para conservar los beneficios que ha obtenido y para continuar progresando necesita cambiar el estímulo a sus músculos. En otras palabras, necesita cambiar la manera de ejecutar un ejercicio. ¿Por qué es necesario?

Después de un tiempo, cuando un músculo se acostumbra a un estímulo determinado, su respuesta al mismo disminuye o cesa por completo. Imagínese en un entorno donde cada día al mediodía oyese un grito fuerte. Al principio se sobresaltaría, pero a medida que pasasen los días empezaría a acostumbrarse gradualmente al grito. Después de una semana, más o menos, es probable que apenas lo notase. Es algo semejante a lo que sucede con los músculos si continuamos realizando los mismos ejercicios de la misma manera una y otra vez. Por esta razón en este capítulo incluyo algunos desafíos nuevos y variaciones sobre los ejercicios anteriores para impedir que se produzca un estancamiento o una disminución de resultados.

En primer lugar, encontrará tres ejercicios completamente nuevos que implican trabajar con un compañero para proporcionarle un incentivo adicional. Al trabajar conjuntamente, al estimularse y al intentar superarse, se sorprenderá de lo mucho que puede conseguir. A continuación, he seleccionado algunos de mis ejercicios favoritos —y espero que también suyos— de este programa Bottom Line y les doy una dimensión diferente. En algunos casos, he ampliado el número de segundos para que dedique más tiempo a ciertas posiciones claves. En otros, he cambiado el énfasis en el movimiento o le pido que repita fases específicas dentro de la secuencia total.

EMPLEO DE LAS VARIACIONES PARA MEJORES RESULTADOS

Hay varias maneras de incorporar estas variaciones a su programa para ayudarle a permanecer con máxima atención y concentración. La primera es coger uno de los cuatro planes existentes y sustituir dos o tres de los ejercicios por las variaciones importantes de este capítulo. Por ejemplo, en el Primer Plan puede sustituir la sentadilla, el fortalecimiento de piernas y las extensiones de piernas por las versiones modificadas de las páginas siguientes.

Alternativamente, puede seleccionar sencillamente varios ejercicios de este capítulo para crear su propia sesión. Si escoge esta opción, asegúrese de seguir las normas siguientes para potenciar al máximo los beneficios de su trabajo.

- Empiece siempre realizando los movimientos de calentamiento de la sección correspondiente (ver páginas 30-40). Esto es esencial si quiere obtener el máximo provecho de su trabajo y evitar lesiones.
- Varíe sus selecciones para conseguir un trabajo equilibrado y no tener que trabajar los mismos grupos musculares una y otra vez. Un día determinado puede escoger concentrarse en los glúteos, junto con algunos ejercicios para los abductores. O sea, es conveniente que prepare un plan y evite realizar selecciones arbitrarias.
- Finalice siempre su sesión con algún estiramiento (ver el capítulo correspondiente, páginas 89-102). Es el momento óptimo para trabajar en el aumento de su flexibilidad y eso ayuda también a prevenir cualquier lesión que pudiera presentarse en los días inmediatos siguientes.

Siguiendo estas sencillas normas asegurará la obtención de los mejores resultados y podrá recrear su propio programa una y otra vez. Si quiere un verdadero desafío, puede combinar una selección de ejercicios de cada plan, y reunirlos para formar un conjunto muy exigente. Las opciones son infinitas. Recuerde solamente seguir las normas anteriores. Utilice el formulario de entrenamiento de la página 127 para seguir la marcha de los ejercicios realizados y anotar sus progresos. Llevar un registro escrito de esta manera es una gran motivación y sirve de estímulo para empresas más difíciles.

Ha hecho grandes progresos hasta ahora. Sigamos, y pasemos a las variaciones empezando juntos nuestro siguiente ejercicio.

SENTADILLAS CON PAREJA

Es el primero de tres ejercicios con pareja. Aquí va a desafiar a su compañero para ver quién puede aterrizar más suavemente y con las rodillas directamente sobre los tobillos.

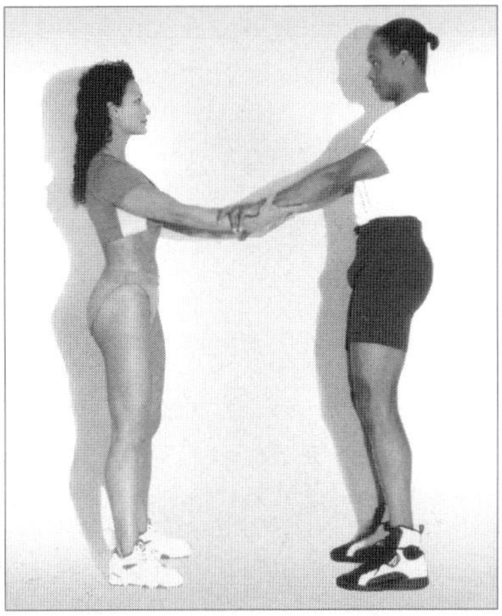

- Sitúese cara a cara con su compañero, sujetándose ligeramente las manos mutuamente, justo por encima de las muñecas. Los brazos están ligeramente extendidos de manera que no estén demasiado cerca.

- Flexione las rodillas y siéntese hacia su posición de sentadilla, utilizando el abdomen para equilibrarse, sin confiar en la otra persona para que le sostenga —a menos, por supuesto, de haberlo acordado mutuamente antes de iniciar el ejercicio.

- A partir de aquí va a saltar, por tanto haga una cuenta atrás 3...2...1 y brinque hacia arriba simultáneamente con su compañero, elevando su cuerpo, y saltando suficientemente alto para permitir que sus piernas se estiren del todo. Aterrice *suavemente,* asegurándose que flexiona las rodillas al hacerlo. Colóquese vertical de nuevo, baje luego a la sentadilla, y háganse una señal para proceder conjuntamente al siguiente salto.

- Efectúe 4 repeticiones de modo tan controlado como pueda —o más, si ambas personas están dispuestas a aceptar el desafío—. Procure saltar un poco más alto cada vez.

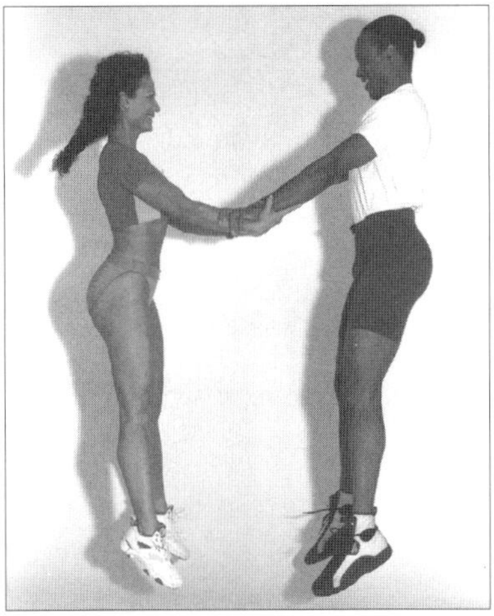

ADUCTORES Y ABDUCTORES AL LÍMITE

En este ejercicio una persona va a empujar hacia fuera con las piernas mientras el otro compañero tratará de resistirlo empujando hacia dentro. Esto trabaja realmente los músculos aductores y los abductores.

- Siéntese en el suelo con las piernas dentro de las de su compañero. Agárrense suavemente por los brazos por encima de los codos. Va a empujar hacia fuera con las piernas, mientras su compañero intentará resistir presionando hacia dentro. Háganse una señal y empiecen a contar 1…2…3…4…5…6…7…8. Eleve el abdomen mientras aprieta las piernas y *no deje que su compañero se hunda* —la posición ha de ser elevada—. Si 8 segundos es demasiado, entonces aguante sólo 4 segundos al principio. O, si cree que puede hacer más, trate de aguantar más tiempo si lo desea.

- Ensanche un poco más la abertura de las piernas y empuje y presione de nuevo durante los mismos segundos al menos, ya sean 4, 8 o 16. Abra las piernas todavía más y presione de nuevo durante el mismo tiempo.

- Después de presionar y aguantar en tres posiciones diferentes de anchura de piernas, al menos, cambie la colocación de las piernas, de modo que las de su compañero estén ahora dentro de las suyas y se inviertan los papeles. Repita el ejercicio, aguantando el mismo número de segundos que antes en cada posición. Trabaje para llegar a aguantar en cada una de las tres posiciones hasta 16 segundos.

- Desafíense realmente entre sí, ¡y diviértanse!

DESAFÍO A LA GRAVEDAD

Este ejercicio trabaja intensamente los músculos posteriores de las piernas, tales como los isquiotibiales. Necesitará algún tipo de caja sobre la que pueda apoyarse al final de sus repeticiones si fuera preciso. Su compañero va a sujetarle las piernas para ayudarle a apoyarse mientras completa el ejercicio. Luego puede intercambiar posiciones para dejar que su compañero ejecute el ejercicio.

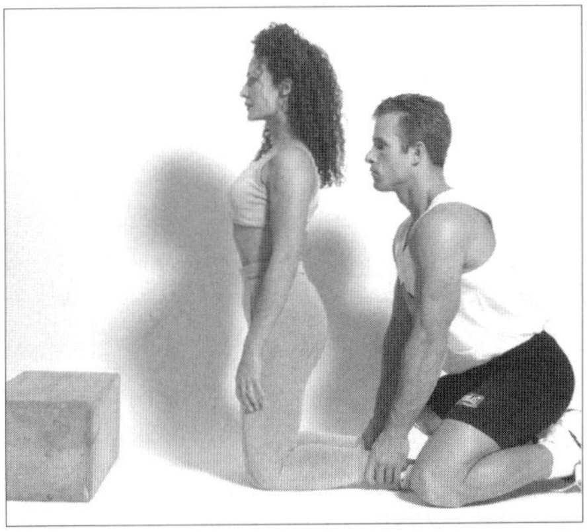

- Arrodíllese delante de la caja. Puede colocar una almohada o una toalla debajo de las rodillas, si lo prefiere. Su compañero le sujeta las piernas justo por encima de los tobillos.

- Mientras su compañero le sujeta las piernas hacia abajo, haga un esfuerzo realmente fuerte para elevar el abdomen y dejar que su cuerpo se mueva hacia adelante como una sola unidad, desde las rodillas hasta la parte superior de la cabeza. Recuerde, he dicho moverse hacia adelante, *no caer hacia adelante*. Procure mantener el control mientras el cuerpo sigue hacia adelante.

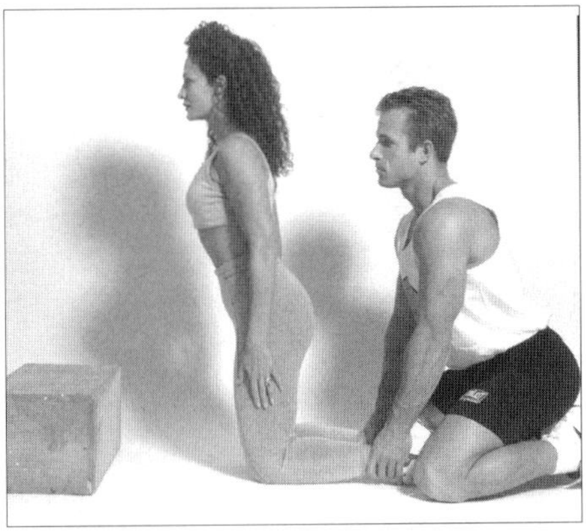

- Tenga las manos preparadas, a punto para elevarlas hacia adelante, de manera que tan pronto como ya no pueda mantener el control, pueda apoyarlas sobre la caja para evitar que usted caiga.

- Dependiendo de cómo se sienta después de la primera repetición, quizá desee hacer una pausa y ceder el puesto a su compañero. Empiece con sólo 2-4 repeticiones, y posteriormente procure llegar hasta 8, aguantando cada intento tanto tiempo como pueda.

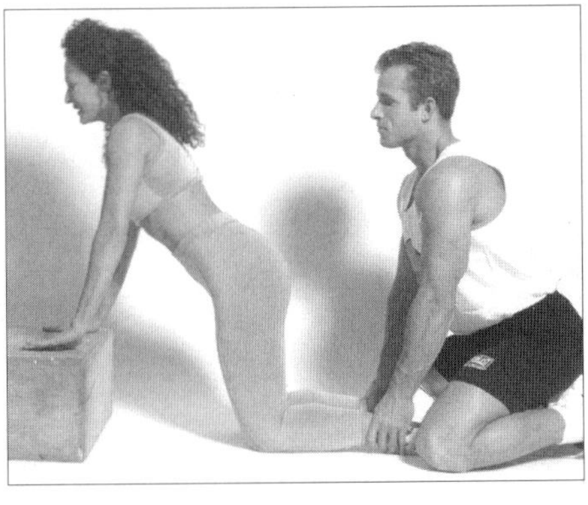

- Es un ejercicio duro, por tanto anime a su compañero.

Pasaremos ahora a algunas variaciones sobre ejercicios ya vistos en alguno de los cuatro planes.

SENTADILLA

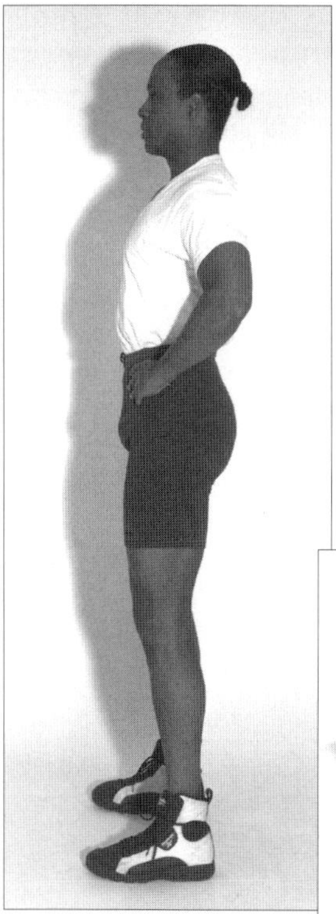

En esta variación vamos a permanecer en la posición baja de sentadilla un poco más de tiempo, así pues cerciórese de mantener las rodillas sobre los tobillos.

● Baje hacia su posición de sentadilla contando 1…2…3. Contraiga realmente sus glúteos para subir al contar 4.

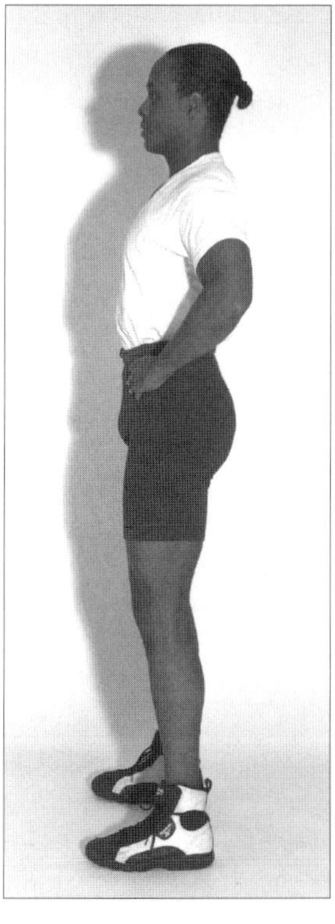

● Repita 4-8 veces. Una vez que sienta como si su cuerpo estuviera cediendo a la gravedad y ya no pueda sentirse elevado mientras desciende, haga una pausa.

FORTALECIMIENTO DE PIERNAS

Aquí pasaremos más tiempo con las piernas separadas en la fase descendente de este ejercicio, así pues mantenga por favor la rodilla delantera directamente encima del tobillo.

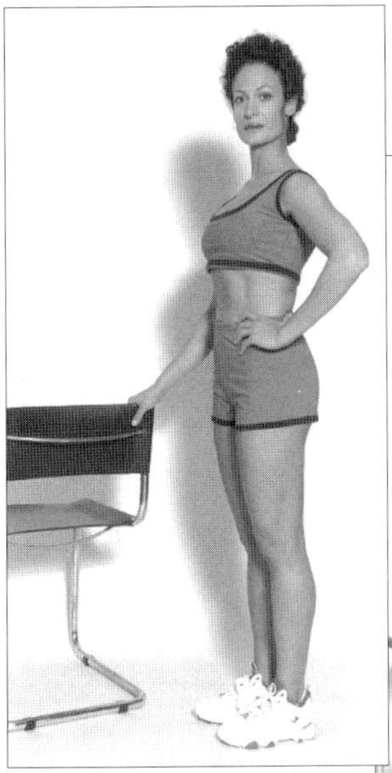

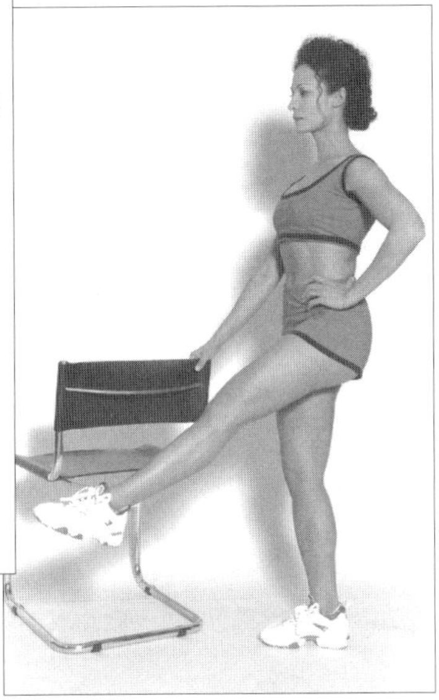

- Sitúese vertical de pie al contar 1, proyección 2...3...4. Vuelva a subir y junte los pies en 5...6.

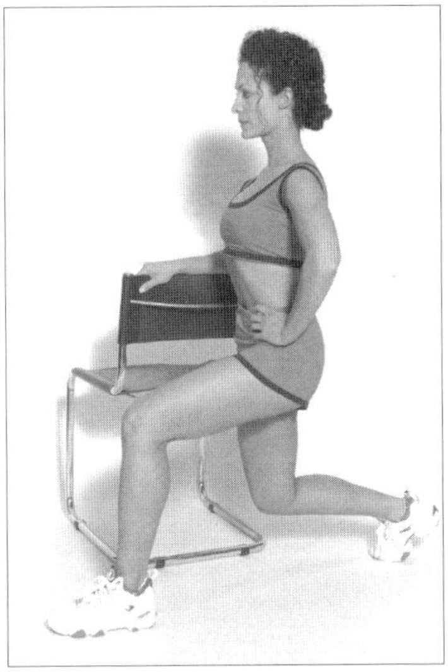

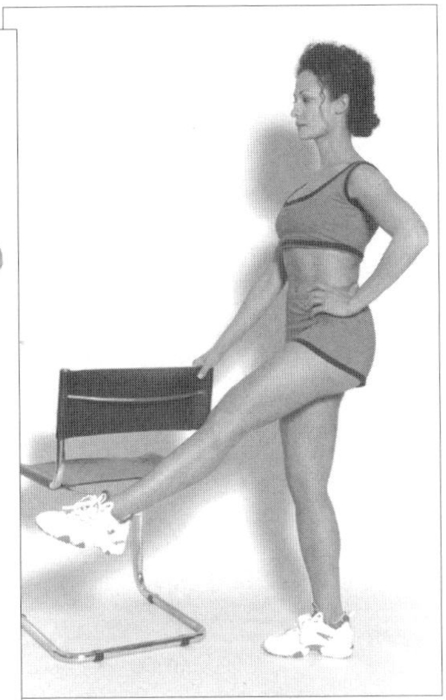

- Realice 4-8 repeticiones con una pierna, luego repita con la otra. Completar un número de repeticiones por el mismo lado hace más difícil el ejercicio, porque el lado que trabaja no descansa entre las repeticiones.

EXTENSIONES DE PIERNAS

En este ejercicio vamos a mantener extendida la pierna más tiempo, por tanto mantenga la espalda baja firmemente en su lugar.

- Suba la rodilla al contar 1, estire la pierna en 2, comprima los glúteos y extienda más la pierna 3...4. Pase a la repetición siguiente, elevando de nuevo la rodilla al contar 1 y extendiendo la pierna 2...3...4. La pierna que trabaja no vuelve al suelo hasta que haya completado 6-8 repeticiones, así pues su pierna de apoyo y su abdomen actuarán como soporte principal.

- Repita con la otra pierna. Recuerde efectuar el mismo número de repeticiones con cada pierna. Ahora ya sabe que su espalda baja tiene que permanecer firmemente en su lugar, independientemente de lo atrás que empuje la pierna.

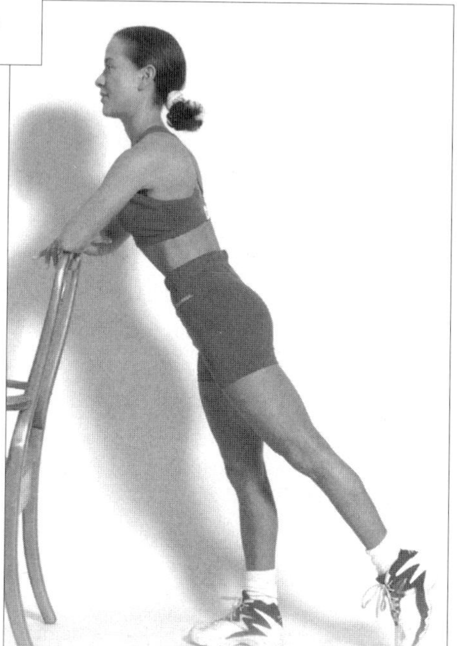

TONIFICACIÓN DE ABDUCTORES

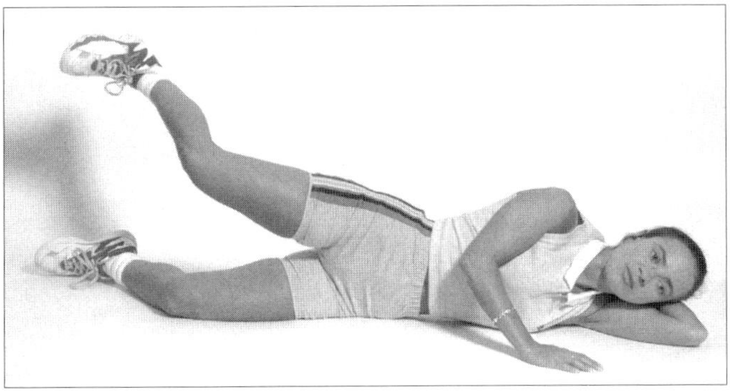

Aquí vamos a mantener la pierna en la posición elevada durante nuestras repeticiones, lo cual aumentará el trabajo de la cadera en ese costado del cuerpo.

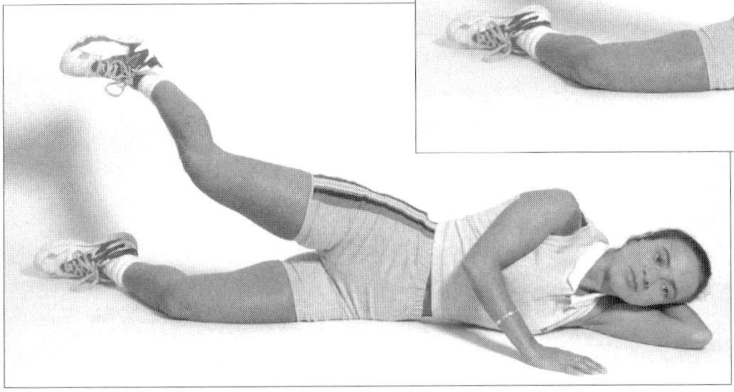

- En posición tendida sobre su costado, eleve flexionada la pierna superior al contar 1. Manteniendo las caderas en su lugar, gire la pierna hacia fuera en 2, gire la pierna para mirar al frente otra vez en 3 y hacia fuera de nuevo en 4. Continúe así durante el resto de sus repeticiones. La pierna sólo vuelve al suelo después de su última repetición. Cuando baje la pierna al suelo después de su última repetición, déjela descansar en tierra delante de su pierna de apoyo para relajar y estirar los músculos que ha estado trabajando.

- Realice 4-8 repeticiones —¡o más, si se siente capaz!

- Dese la vuelta sobre el otro costado y repita con la otra pierna. Asegúrese de hacer el mismo número de repeticiones con cada pierna.

PIERNA COMPLETA

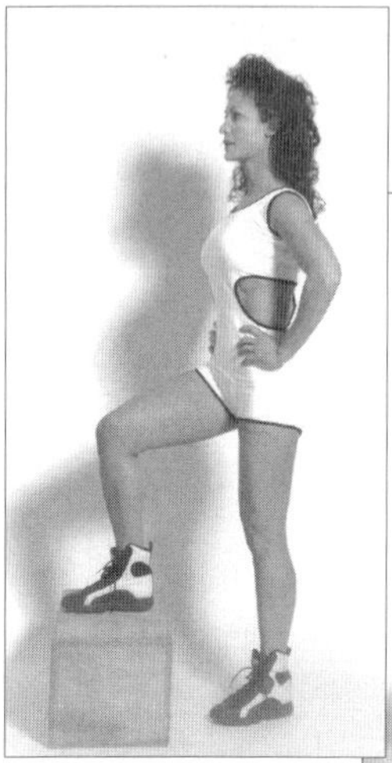

En esta variación, después de elevar la rodilla y extender la pierna hacia atrás vamos a llevar la rodilla de nuevo hacia adelante y extender la pierna hacia atrás por segunda vez.

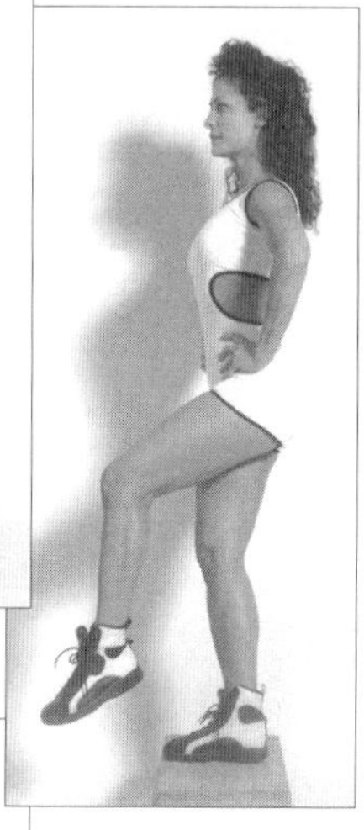

- Empiece con un pie arriba sobre el centro de la caja. Eleve la rodilla al contar 1…2. La misma pierna se estira hacia atrás en 3…4. Eleve de nuevo la rodilla en 5…6. Estire la pierna hacia atrás otra vez en 7…8. Baje la pierna al suelo en 9…10, asegurándose de que flexiona la rodilla al bajarse. Estire hacia arriba y pase a su siguiente repetición, conduciendo con la misma pierna.

- Aquí la clave es evitar balancear la pierna. En vez de ello, controle su movimiento, al mismo tiempo que estira el abdomen hacia arriba. Esto implica mucho esfuerzo para el lado del cuerpo que trabaja, por tanto comience con un número bajo de repeticiones y cuide la buena posición. Realice 4 ciclos completos, y luego intente uno más.

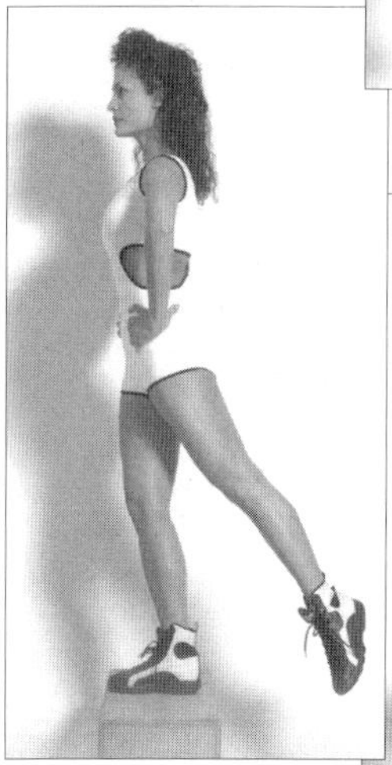

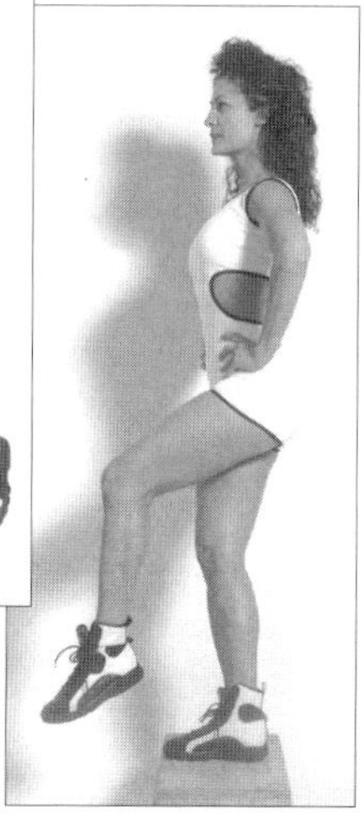

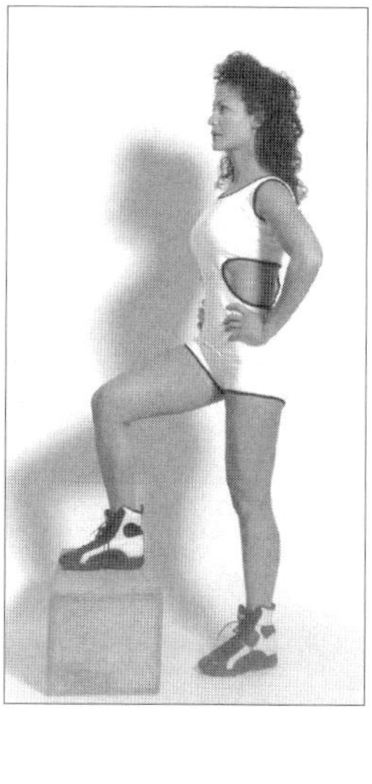

- Repita con la otra pierna para hacer hasta 8 o 10 ciclos completos.

ELEVACIÓN LATERAL DE PIERNA

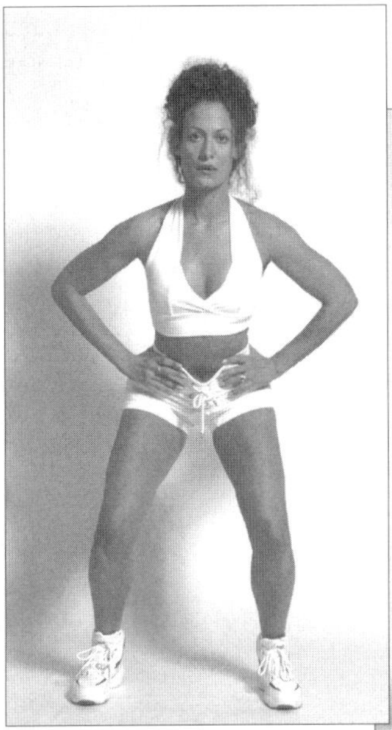

Aquí, una vez se ha elevado la pierna vamos a sostenerla en alto durante 2 segundos antes de volver a la posición de partida.

- Empiece desde la posición básica de sentadilla. Eleve la pierna al contar 1, aguante o eleve un poco más si puede en 2…3. Baje lentamente la pierna y vuelva a su posición de sentadilla al contar 4. Repita, elevando la otra pierna.

- El equilibrio lo es todo en este ejercicio, por tanto sienta realmente la ayuda de los músculos abdominales para permanecer vertical. Realice 8 repeticiones alternando las piernas.

FONDOS CON TRES APOYOS

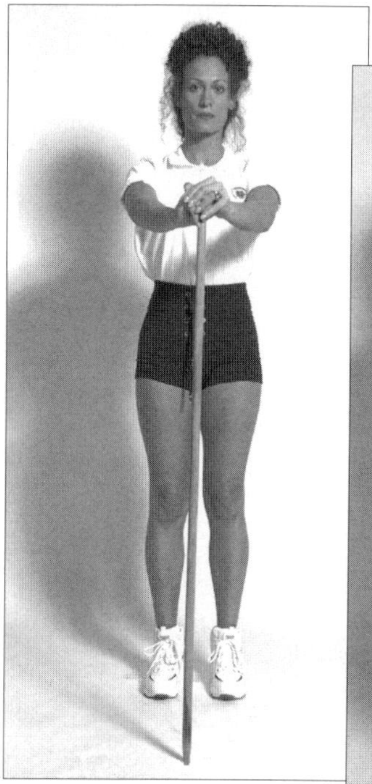

En esta variación vamos a añadir un salto entre cada posición —con la altura mínima suficiente para permitirle estirar las piernas y apuntar los dedos de los pies—. Asegúrese de aterrizar flexionando suavemente las rodillas tan pronto como tome contacto con el suelo. Añadir un salto acelerará el ritmo de su corazón, así pues intente mantener calmada y regular su respiración y escuche en sus saltos.

- Empiece con el palo cómodamente delante suyo. Eleve la pierna hacia adelante al contar 1. Baje hacia el fondo en 2. Salte y lleve la pierna hacia el lado en 3. Baje hacia su sentadilla en 4. Salte e impulse la pierna hacia atrás en 5. Baje hacia el fondo posterior en 6. Salte y junte las piernas 7...8.

- Trate de realizar una serie completa de saltos una vez por cada lado. Cuando se sienta a punto para hacer más, efectúe 4-8 repeticiones sobre lados alternados.

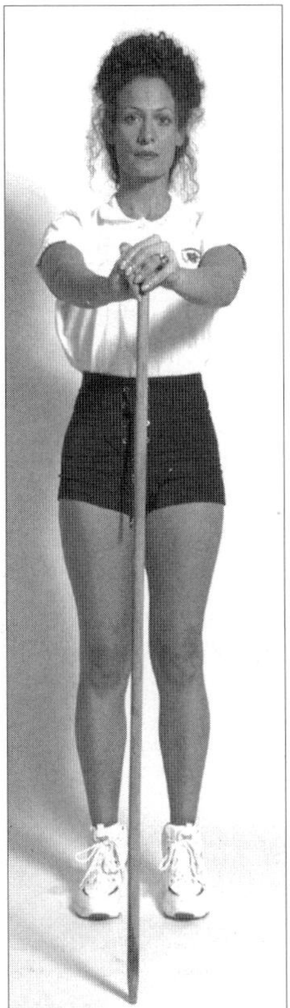

TRABAJO DE GLÚTEOS

Aquí, una vez que la rodilla esté totalmente girada hacia fuera vamos a elevar la pierna hacia atrás y hacia arriba sólo un poco antes de bajarla. Recuerde que es importante mantener la espalda recta cuando se apoye sobre los antebrazos y las rodillas.

- Empiece arrodillándose con los antebrazos apoyándose en la caja, talones juntos.

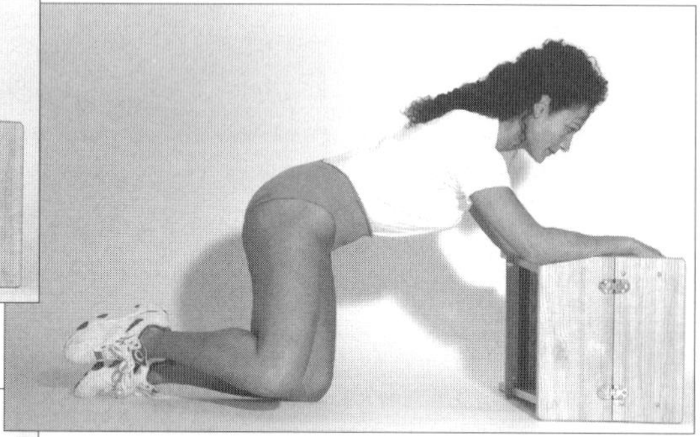

- Manteniendo los talones juntos, gire hacia fuera la rodilla al contar 1. Persistiendo en el giro hacia fuera, eleve la pierna lejos de sus glúteos sólo un poco en 2. Baje la rodilla en 3, de modo que los talones se junten de nuevo, pero la rodilla quede ligeramente levantada del suelo. Afloje el giro en 4, y pase directamente a la siguiente repetición. La rodilla no vuelve al suelo hasta que haya completado sus repeticiones.

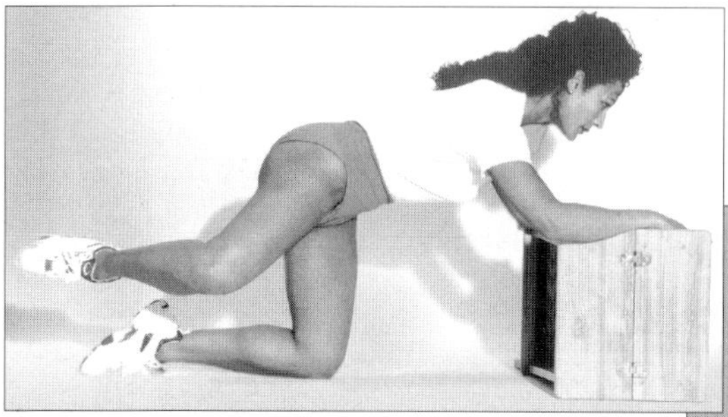

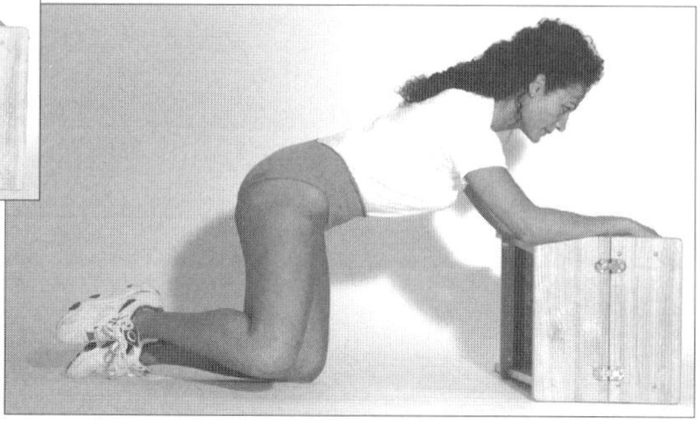

- Su objetivo ha de ser 8 repeticiones, luego repita con la otra pierna. Debe mantener la espalda plana durante todo el ejercicio.

GLÚTEOS APUNTADOS

En esta variación vamos a pasar más tiempo con la pierna levantada del suelo para trabajar realmente los músculos isquiotibiales (cara posterior).

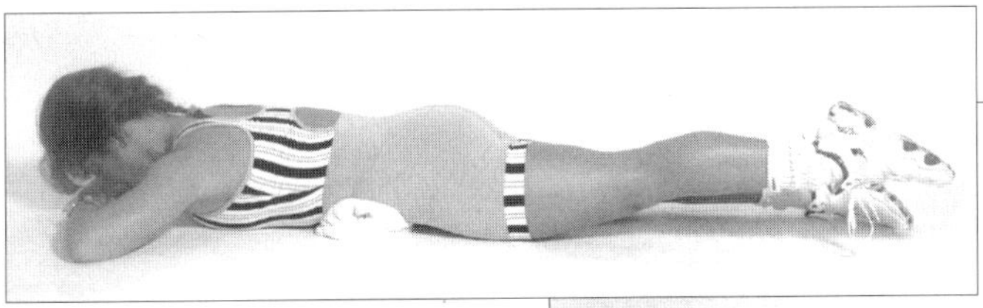

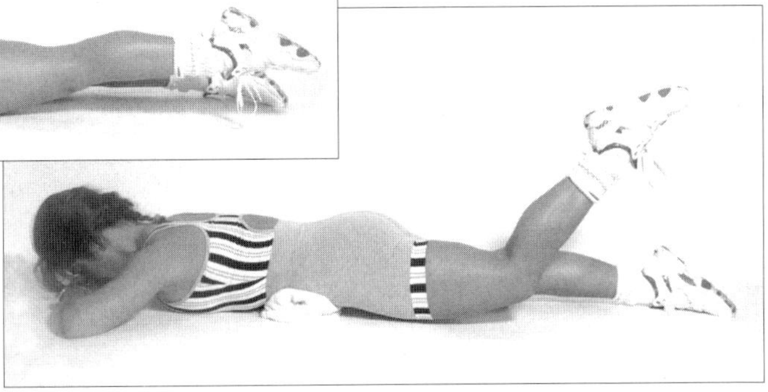

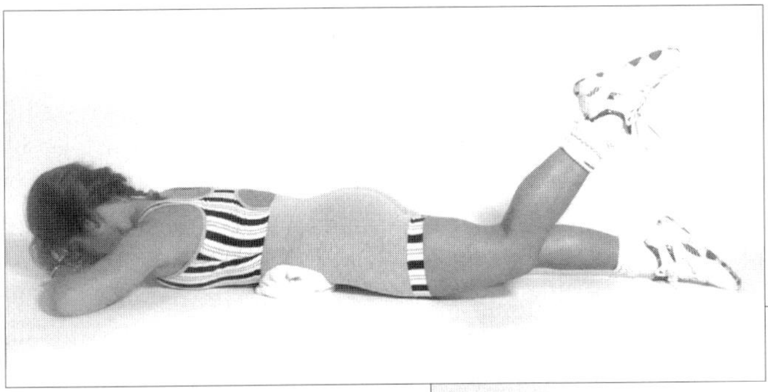

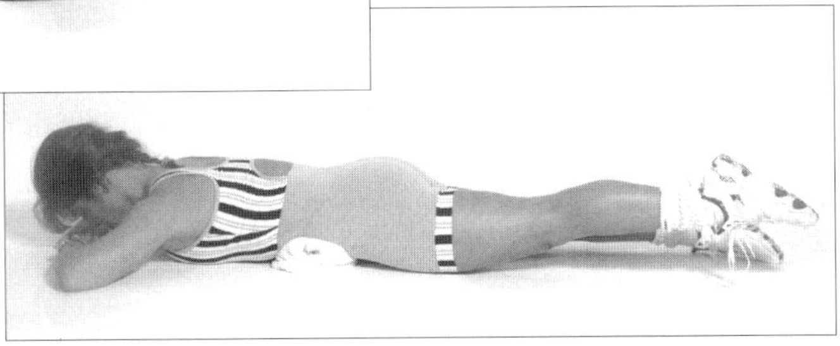

- Manteniendo el abdomen elevado, levante la pierna en 1, lleve el talón hacia los glúteos en 2, tire el talón hacia dentro otra vez en 3, estire la pierna en 4 sin dejar que la rodilla toque el suelo.

- La pierna no toca el suelo de nuevo hasta que haya completado al menos 4 series del ciclo. Si siente que puede hacer al menos una más, ¡hágala! Recuerde realizar el mismo número de series con cada pierna.

CAPÍTULO 5

SU GUÍA PARA UNA DIETA SANA

Ha tomado la decisión de mejorar su forma física por medio del ejercicio. ¡Magnífico! El ejercicio puede significar una considerable diferencia en sus sentimientos y en su apariencia, y si ya ha empezado a trabajar en el programa Bottom Line, o línea básica, estoy segura de que habrá observado algunas mejorías significativas en su salud y bienestar. Su cuerpo se está volviendo más fuerte cada día, su nivel de energía está aumentando y sus músculos están empezando a moldearse. Una vez que haya dado el primer paso para obtener un cuerpo más esbelto, mejor formado y más sano, comprobará que los beneficios son tan grandes que deseará hacer todo lo posible para mantener su cuerpo en condición óptima y potenciar al máximo los beneficios de su programa Bottom Line. Y aquí es donde entra en juego la dieta sana.

LA DIETA SANA

La comida sana combinada con el ejercicio regular es el mejor medio para un estilo de vida sano, así pues el objetivo de este capítulo es proporcionarle algunos consejos dietéticos básicos y algunas normas para complementar su programa de ejercicios. Si necesita perder peso, entonces los consejos de este capítulo le pondrán en el camino correcto. Todos los alimentos nos proporcionan energía en forma de calorías, y si ingerimos más calorías de las que necesita el cuerpo, el exceso se almacena en el cuerpo en forma de grasa. Controlar los alimentos que ingerimos, hacer la elección correcta del tipo de alimentos que comemos, y combinarlos en las proporciones adecuadas nos ayudará, junto con nuestro programa de ejercicios, a conseguir un peso con el cual nos sintamos cómodos y que sea posible mantener. Eso también nos asegurará obtener una ingestión equilibrada de los nutrientes esenciales para la salud.

Empecemos por examinar algunos datos fundamentales sobre los hidratos de carbono, las proteínas y las grasas, los ingredientes esenciales que suministran energía.

Hidratos de carbono —¿buenos o malos?

Los hidratos de carbono constituyen el bloque básico energético y se desglosan en dos clases: simples y complejos.

Los hidratos de carbono simples se encuentran en el azúcar refinado y en alimentos azucarados tales como dulces, pasteles, galletas, jugos, jarabes y refrescos. Estos alimentos aportan poco valor nutritivo y deben mantenerse en un mínimo en una dieta sana.

Los hidratos de carbono complejos, por otra parte, no contienen tanto azúcar refinado, y consisten en alimentos de almidón tales como granos (que incluyen pan, arroz, patatas, pasta, cereales), legumbres, frutos secos y algunas verduras. Los hidratos de carbono no refinados ofrecen mayor valor nutritivo que las versiones refinadas y también son ricos en fibra, una sustancia maravillosa que añade volumen a su dieta y ayuda a llenarle. Los alimentos ricos en fibra son ligeramente laxantes y también contribuyen a reducir su nivel de colesterol.

Fuentes particularmente buenas de fibra son las verduras, tales como las espinacas y las lechugas, las legumbres tales como lentejas, judías y guisantes. La fruta fresca, aunque no se considera generalmente un hidrato de carbono complejo, contiene también mucha fibra, especialmente la fruta cuya piel puede comerse, tales como manzanas, peras y melocotones.

Aunque ambos tipos de hidratos de carbono proporcionan energía, los simples son digeridos más pronto por el cuerpo. Sin embargo, los hidratos de carbono complejos son absorbidos más lentamente y, por consiguiente, proporcionan al cuerpo una fuente de energía más duradera y valiosa, lo cual es particularmente importante si practica ejercicio regularmente. Los hidratos de carbono complejos también ayudan a mantener engrasado el metabolismo —que es la proporción con que se queman las calorías— y evitar las caídas en el nivel de azúcar en la sangre, que pueden conducir a antojos de azúcar. Su objetivo debe ser comer entre 100 y 275 gramos de hidratos de carbono complejos al día, y es preferible escoger cereales integrales en lugar de hidratos de carbono refinados. Si lo desea, puede repartir esta cantidad en varias ingestiones a lo largo del día. Por ejemplo, una pequeña porción puede ser un puñado de arroz o de almendras.

Proteínas — buenas para los músculos

Las proteínas son otra fuente formidable de energía y, lo que es más importante, un bloque esencial en la construcción de los músculos. El cuerpo puede utilizarlas más eficientemente que cualquier otra sustancia, excepto el agua. Las proteínas se descomponen en el cuerpo mucho más lentamente que los hidratos de carbono. En realidad el sistema digestivo tarda unos 30 días en descomponerlas completamente, y tienen un impacto mensurable en el incremento del peso de su cuerpo o de su masa muscular.

Generalmente necesitamos alrededor de 225 gramos de proteínas cada día, aunque esto varía según el individuo y el peso específico de su cuerpo. Dado que tanto el ejercicio como la tensión aceleran la utilización de proteínas por parte del cuerpo, cuanta más actividad física realice y mayor sea su nivel de tensión, más proteínas necesitará.

Piense en las proteínas como en un alimento para sus músculos para hacerlos mayores y más fuertes. Cuanto más magras las proteínas, más magro el cuerpo, por tanto téngalo presente al hacer su selección de proteínas, y elija fuentes bajas en grasas siempre que sea posible. Las claras de huevo, las pechugas de pavo o de pollo (sólo carne blanca) y el pescado son todos ellos altos en proteínas y bajos en grasas, pero recuerde cocinarlos al horno o a la plancha, en vez de freírlos.

Las legumbres, tales como las judías, los garbanzos y los guisantes, también contienen proteínas, pero es necesario combinarlas con cereales para formar proteínas completas. De este modo constituyen una buena alternativa a la carne y contienen mucha menos grasa. Son alimentos versátiles que pueden mezclarse fácilmente con arroz, pasta y ensalada para formar un conjunto sabroso y nutritivo. Si no tiene tiempo para poner en remojo las legumbres secas, puede utilizarlas en conserva. Lave bien las judías, agregue un poco de ajo, sal y pimienta, y cómalas junto con ensalada, pasta o un entrante.

Consuma grasas correctamente

Permítame una pequeña explicación sobre las grasas. Pueden asaltarle sin previo aviso. Unas pocas grasas pueden añadir muchas calorías, dado que contienen el doble de calorías que los hidratos de carbono o las proteínas —¡por tanto, proceda con cautela! El cuerpo almacena fácilmente las grasas que comemos. Aún más, si consumimos cantidades excesivas de hidratos de carbono y de alcohol, se convertirán y almacenarán en el cuerpo como grasa y provocarán un aumento de peso. Comer demasiado del tipo equivocado de grasas puede incrementar también el riesgo de enfermedades del corazón y originar otros problemas de salud.

Sin embargo, todos necesitamos comer una pequeña cantidad de grasas, dado que tienen varias funciones importantes. Las grasas actúan como aislante para ayudarnos a conservar el calor corporal y almohadillan nuestros órganos internos, manteniéndolos en su lugar y protegiéndolos de daños. Contribuyen a que el cuerpo absorba las vitaminas liposolubles A, D, E y K. Dado que las grasas se descomponen lentamente en el sistema digestivo, mantienen engrasado el metabolismo durante los turnos prolongados de ejercicio. El cuerpo no puede producir ciertos ácidos grasos esenciales, que son importantes para la salud, por lo cual es preciso obtenerlos de nuestros alimentos. Las grasas presentes en los aceites de pescado son particularmente beneficiosas para ayudar a proteger contra las enfermedades del corazón.

Así pues, necesitamos algunas grasas, pero deben constituir sólo una pequeña parte de nuestra ingestión alimenticia total. Procure reducir al mínimo su ingestión de grasas y seleccione el tipo adecuado. Elija grasas no saturadas con preferencia a las saturadas. Generalmente las grasas no saturadas presentan estado líquido o blando a temperatura ambiente, v.g. margarina suave, aceite vegetal y aceite de oliva, mientras que las grasas saturadas presentan estado sólido, v.g. mantequilla, manteca de cerdo, margarina dura. Evite comer grandes cantidades de grasas saturadas, ya que pueden elevar los niveles de colesterol.

Para finalizar, procure hacer las comidas al horno o a la plancha en vez de fritas. Escoja trozos finos de carne, quíteles toda la grasa visible y quite también toda la piel del pollo o del pavo antes de cocinarlo. Y no olvide que muchos alimentos, tales como los pasteles, las galletas y los bollos contienen también grandes cantidades de grasa.

DIETA, EJERCICIO Y CONTROL DE PESO

Mantener su peso bajo control no sólo le ayudará a conseguir una forma física más atractiva, sino que también puede reducir su riesgo de sufrir problemas serios de salud. La obesidad es un factor destacado que contribuye a muchas enfermedades, tales como diabetes, colesterol alto, presión elevada de la sangre, ataques al corazón —incluso artritis— y también afecta a su autoestima. Imagínese que lleva continuamente consigo, a todas horas y cada día, una bolsa de patatas de dos kilogramos. Pruébelo durante sólo diez minutos y comprobará cuánto esfuerzo se requiere. Dos kilogramos adicionales no sólo pueden implicar una tensión en su corazón, sino también en sus huesos, órganos y músculos, por tanto piense en la cantidad de daño que puede sufrir si tiene un sobrepeso importante.

El ejercicio y el control dietético son los dos factores principales en el control de peso. Por consiguiente, para perder peso necesita reducir las calorías excesivas y elevar su nivel de actividad para ayudarle a aumentar su índice metabólico. Si disminuyese simplemente su ingestión de alimentos sin practicar ejercicio, o si redujese drásticamente su ingestión de calorías, su índice metabólico disminuiría y su cuerpo llegaría a perder eficiencia para quemar calorías. Por esta razón las dietas de choque no funcionan a largo plazo. Al final simplemente recupera todo el peso perdido —y posiblemente más—. Muchas personas pasan toda su vida en un proceso de montaña rusa.

Evalúe sus hábitos alimenticios

Las razones por las cuales las personas comen en exceso son numerosas, por tanto comprender el porqué come es otro factor importante en el control de peso. Las personas tienden a comer si están ansiosas, deprimidas, aburridas, o simplemente porque siempre tienen que comer algo a una hora determinada del día. En vez de comer por costumbre a horas establecidas del día, como la hora del almuerzo, del té y otras, procure disciplinarse para comer sólo cuando tenga hambre.

Es extremadamente útil llevar una agenda de alimentación (ver página 128), especialmente cuando se empieza un nuevo régimen dietético. Anote todo lo que come cada día, junto con la hora del día y la razón, así como cualquier cambio de disposición que pueda experimentar, y eso le proporcionará una panorámica general de sus hábitos alimenticios y le permitirá identificar fácilmente las calorías gastadas o los alimentos problemáticos. También le ayudará a establecer si su dieta es variada y equilibrada.

Avance gradualmente

Antes de iniciar un nuevo régimen dietético, pregúntese si está a punto para efectuar algunos cambios. Es importante establecer un verdadero compromiso con uno mismo antes de empezar. Y cuando empiece, avance gradualmente. Hay muchas personas que lo enfocan como una cuestión de «todo o nada» realizando excesivos cambios drásticos demasiado pronto, para acabar volviendo a caer en sus viejos hábitos.

Por consiguiente, la primera regla es fijarse objetivos pequeños, y alcanzar uno cada vez. No olvide anotarlos en su agenda de alimentación. Revise constantemente su agenda y vea si puede sustituir algunos alimentos por otros. Por ejemplo, puede empezar escogiendo leche desnatada o semidesnatada en lugar de leche entera, utilizar salsas bajas en grasa o sin grasa en vez de salsas normales, o prescindir de las yemas de huevo en una tortilla. Recorte la corteza del pan, y utilice mermelada en lugar de queso cremoso. Sustituya la mostaza por mayonesa. Vea lo fácil que puede ser. Recuerde solamente hacer un cambio cada vez. Utilice la imaginación y emplee hierbas y especias para lograr aromas especiales. Limite su ingestión de condimentos y salsas, ya que pueden incrementar las calorías.

Para una comida rápida y fácil, baja en grasas, pruebe a hacer una tortilla de espinacas y cebollas empleando claras de huevo. Utilice una toalla de papel con un poco de aceite y frote el interior de una sartén para que no se peguen los huevos. Ponga cuatro claras de huevo en la sartén, añada espinacas troceadas (frescas o congeladas) y algunas cebollas rojas o blancas. Espere hasta que los huevos adquieran consistencia y luego doble la tortilla por la mitad. En sólo ocho o diez minutos tendrá un plato delicioso, satisfactoriamente alto en proteínas, y bajo en grasas, que puede comerse a cualquier hora del día.

Controle las raciones

Adquiera la costumbre de controlar sus raciones de comida —moderación es la clave—. Trate de servir sus comidas en un plato llano en lugar de uno hondo. Esto ayudará a evitar que coma en exceso, ¡siempre que no repita! Cuando describa raciones de comida en su agenda de alimentación, utilice expresiones visuales, tales como un puñado de pasta, tres cucharadas soperas de arroz, una loncha de carne. Se sorprenderá al ver la diferencia que implica seguir la pista de estos pequeños cambios. Si siente la tentación de comer algo que sabe que realmente no debiera, dígase: «Ya lo he comido antes. Sé cómo sabe. ¿Es realmente necesario y vale la pena?» Si cae en la tentación, considérelo sólo como un pequeño paso atrás, y decida volver al buen camino tan pronto como sea posible. Recuerde que una pequeña batalla que no haya ido como se había planeado no significa que haya perdido la guerra.

Identifique sus alimentos problemáticos

Casi todo el mundo tiene sus puntos débiles o alimentos favoritos que una vez comidos pueden conducir a antojos incontrolables. Para identificar cuáles son los alimentos que, si existen, le afectan de esta manera, formúlese estas dos preguntas:

¿Cuáles son los alimentos que una vez que empiezo a comerlos no puedo parar?

¿Qué tipo de alimentos consumo más frecuentemente?

Responder a estas preguntas puede ayudarle a singularizar alimentos problemáticos concretos, de modo que pueda tomar medidas para evitarlos siempre que sea posible. Por ejemplo, cuando salgo a cenar fuera tengo problemas para controlar mi consumo de pan de la panera. Por tanto, *antes* de que el pan llegue a la mesa, pido que no traigan la panera. O, si estoy cenando con amigos y no puedo evitar que esté la panera en la mesa, tomo la decisión de no *empezar* a comerlo y coloco la panera fuera de alcance. Si siente un antojo incontrolable ante un determinado alimento problemático, distraiga su proceso mental ocupándose en cualquier actividad. Haga la colada, lea un libro, lávese los dientes, mastique un chicle o, mejor todavía, dé un paseo o realice algún ejercicio. El ejercicio hará que se sienta mejor, quemará calorías y le acercará un paso más a su objetivo.

¿QUÉ CLASE DE PERSONA ES?

Generalmente hablando, las personas se encuadran en uno de estos dos tipos: la persona de hidratos de carbono bajos y la persona de grasas bajas. La primera es aquella que anhela los hidratos de carbono y encuentra relativamente difícil perder peso y/o gana peso fácilmente porque su cuerpo no es capaz de descomponer bien los alimentos y quemar calorías. La segunda, por otra parte, tiende a encontrar más fácil mantener su peso existente y no aumenta de peso fácilmente. El tipo de persona que sea puede influir en el tipo de alimentos que necesite comer, así pues, antes de efectuar cualquier cambio en sus hábitos alimenticios, responda a las sencillas preguntas de las dos páginas siguientes:

1. ¿Cuántas veces a la semana hace ejercicio?

1	2	3	4	5	6	7
☐	☐	☐	☐	☐	☐	☐

2. ¿Se esfuerza por comer alimentos bajos en grasas?

Siempre *5* ☐
Habitualmente *4* ☐
Algunas veces *3* ☐
Raramente *2* ☐

3. ¿Aproximadamente cuántas porciones de alimentos con fécula (pan, patatas, etc.) come cada día?

Más de 10 *5* ☐
8 — 10 *4* ☐
6 — 8 *3* ☐
4 — 6 *2* ☐
0 — 3 *1* ☐

4. ¿Tiende a quemar calorías fácilmente? (Evalúe su respuesta sobre una escala de uno a diez.)

SÍ *NO*

1	2	3	4	5	6	7	8	9	10
☐	☐	☐	☐	☐	☐	☐	☐	☐	☐

5. ¿Qué grado de dificultad le representa perder peso? (Evalúe su respuesta sobre una escala de uno a diez.)

FÁCIL *DIFÍCIL*

1	2	3	4	5	6	7	8	9	10
☐	☐	☐	☐	☐	☐	☐	☐	☐	☐

6. ¿Se siente constantemente hinchado y retiene líquidos fácilmente? (Evalúe su respuesta sobre una escala de uno a diez.)

NUNCA *SIEMPRE*

1	2	3	4	5	6	7	8	9	10
☐	☐	☐	☐	☐	☐	☐	☐	☐	☐

7. ¿Cree que come muy poco pero aun así no puede perder peso? (Evalúe su respuesta sobre una escala de uno a diez.)

NO *SÍ*

1	2	3	4	5	6	7	8	9	10
☐	☐	☐	☐	☐	☐	☐	☐	☐	☐

Ahora sume su puntuación:

Si ha obtenido 32 puntos o más, entonces se la considera una persona de hidratos de carbono bajos.

Si ha sumado 31 puntos o menos, entonces se la considera una persona de grasas bajas.

Revisemos ahora los regímenes dietéticos para los dos tipos diferentes de personas.

Qué ha de comer la persona de hidratos de carbono bajos

Si entra en esta categoría y ha intentado perder peso sin conseguirlo, procure reducir la cantidad de hidratos de carbono con fécula que come, tales como pan, pasta y arroz, y disminuya su ingestión de grasas. Trate de basar sus comidas en vegetales crudos, hervidos o al vapor, ensaladas bajas en grasas o salsas sin grasa, y proteínas magras. Las claras de huevo, pavo o pollo picado (sólo carne blanca), las judías y legumbres en general constituyen buenas proteínas bajas en grasas. Por tanto, en vez de comer un plato de espagueti, coma una ensalada añadiendo un poco de pasta o tome lentejas con mucha verdura fresca para evitar demasiada cantidad de hidratos de carbono. Además, beba mucha agua cada día.

Seguir estas normas ayudará a depurar su sistema y no se quedará con hambre. Al principio quizás experimente algunos síntomas de retirada, pero eso no durará más allá de un par de semanas. Por consiguiente, persista, y no sólo se sentirá con más energía, sino también comprobará que empieza a disminuir el exceso de peso. Recuerde que los cambios deben ser graduales, y no olvide anotarlos en su agenda de alimentación.

Este tipo de persona a menudo encuentra difícil perder los últimos dos a cinco kilos de exceso de peso. En este caso, ha de tratar de aumentar gradualmente su ingestión de calorías o cambiar las proporciones de alimentos que come. Aquí es donde quizá desee incrementar su ingestión de hidratos de carbono comiendo una o dos rodajas extra de pan al día y reduciendo una o dos porciones de proteínas. Pruébelo durante una semana aproximadamente, y la mayor ingestión de calorías elevará su metabolismo para ayudarle a quemar el exceso de calorías, de la misma manera que lo hace el ejercicio. Algunas personas encuentran que sirve de ayuda comer pequeñas cantidades o «snacks» a lo largo del día. Esto proporciona a su cuerpo un aporte constante de combustible que ayuda a mantener más alto el proceso del metabolismo. Por ejemplo, puede «picar» bocaditos de proteínas con un poco de pan durante el día, y luego a la noche comer verduras y fruta para añadir fibra y volumen a su plan dietético.

Qué ha de comer la persona de grasas bajas

Esta persona tiende a poder descomponer los alimentos a un ritmo más rápido que la anterior y, por consiguiente, quema más fácilmente las calorías. Si entra en esta categoría, puede comer generalmente tantos hidratos de carbono complejos como guste, siempre que controle su ingestión de grasas. Limite las proteínas a una cantidad entre 175 y 225 gramos al día. Para imaginarse aproximadamente esta cantidad, piense en dos veces el tamaño de la palma de su mano. Beba mucha agua cada día. Si sigue estas normas, le deberá ser fácil controlar su peso y se sentirá con mejor salud. Otra vez, incorpore gradualmente cualquier cambio, y no olvide anotarlo en su agenda de alimentación.

PERMANEZCA ACTIVA Y COMA DE MODO SANO TODA LA VIDA

Tal como señalamos en este capítulo, el ejercicio periódico y la moderación en su ingestión alimenticia son los dos factores clave para un control de peso con éxito, no sólo a corto plazo sino para siempre. Por tanto, ¡sea constante! Recuerde que cada persona es diferente, así pues busque el plan dietético que se le adapte, y que pueda mantener cómodamente. Una vez que empiece a practicar ejercicio periódicamente y a consumir la clase adecuada de alimentos en las cantidades correctas, su cuerpo comenzará pronto a mostrar los resultados. La línea básica es que si cumple todo esto deberá cosechar los beneficios toda su vida.

FICHA DE ENTRENAMIENTO DEL PROGRAMA

Haga varias copias de la ficha en blanco para que pueda continuar anotando sus progresos, cualquiera que sea el plan que siga o cuando cree su propio programa. Recuerde anotar sus resultados inmediatamente después de sus sesiones, ya que es fácil olvidar más tarde lo que ha realizado. Pegue la ficha en un lugar muy visible para tener un recordatorio constante de sus progresos.

NOMBRE .... PLAN nº	SEMANA DE INICIO	SEMANA DE INICIO ....
EJERCICIOS COMPLETADOS	NÚMERO DE SERIES/REPS.	NÚMERO DE SERIES/REPS.
NÚMERO DE VECES PROGRAMA COMPLETADO ESTA SEMANA NOTAS TÉCNICAS		
NOTAS DE CUALQUIER OTRA ACTIVIDAD		

AGENDA DE ALIMENTACIÓN

Anote todo lo que coma y beba, de modo que tenga un registro constante de los cambios que efectúe en sus hábitos dietéticos. Señale sus cambios de humor durante el día y lo que crea que puede haberlos causado. Esto le ayudará a deducir si un determinado alimento le ha conducido a un desenfreno alimenticio. Debe anotar también si ha conseguido vencer la tentación y se ha abstenido de comer un trozo de pastel. No olvide hacer varias copias de la ficha en blanco para que pueda continuar anotando sus progresos.

NOMBRE			FECHA	
ALIMENTO	CANTIDAD	HORA	HUMOR	OPINIÓN
Notas (cambios de humor/otros comentarios)				